たからさがし

神さまからの
不思議な
おくりもの

望月麻生

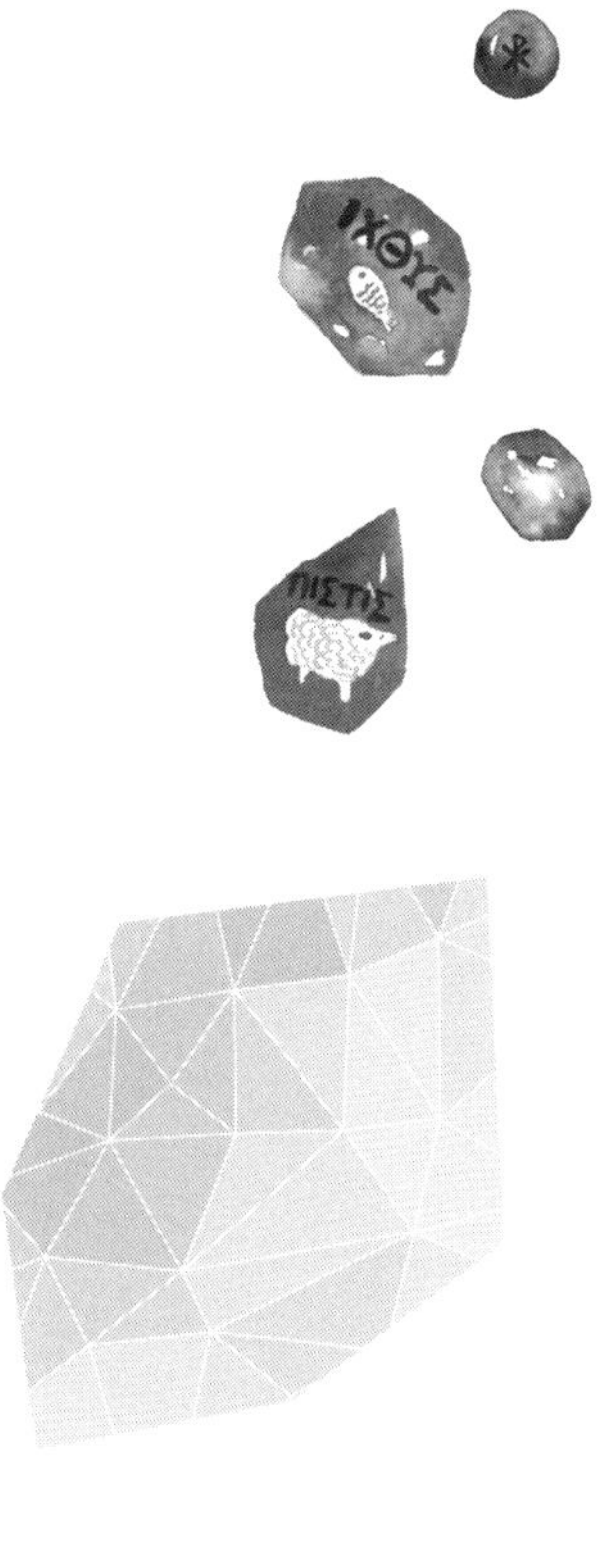

日本キリスト教団出版局

装幀・本文デザイン　堀木佑子
装画・本文カット　望月麻生

はじめに

望月　麻生

この本を手にとってくださって、ありがとうございます。

初めに申し上げますが、ここに綴ったひとつずつの文章は、立派なありがたい説教ではありません。あなたの人生を丸ごと変えるような力も多分ありません。でも、世界を見つめる方向をちょっと変えてみる、そのお手伝いならきっとできます。

誰も、失恋したくて恋愛はしません。不合格になりたくて必死に試験勉強する人もいません。目の前にある、きらきら輝くたからものに憧れて、追いかけて、祈って。自分の思いどおりにものごとが進む場合もあるけれど、悲しく悔しい経験だってたくさんします。いささか乱暴な表現にすぎますが、「神さまどうして？　なぜ私が？」と、神さまの胸ぐらをつかみたくなるようなときだってあるはずです。そんなときこそ、この本をとおして、私にしばしお付き合いください。ご一緒に、心の散歩をいたしましょう。

この本に書かれているのは、今までなら単なるクズだと思っていたもの、恥としか思わなかったこと、忘却の彼方へ押しやりたいもの、そうしたものが、実はたからものであったことに気づく、その小さな発見の道です。神さまと一緒に眺めると、イエスさまと一緒に歩くと、世界はこんなにおもしろい。そのことをお伝えできればと願っています。

さて、キリスト教徒になるためには、たいてい、洗礼というものを受けます。

私の場合は高校2年生のクリスマスに教会で洗礼を受けました。礼拝で洗礼式が行われ、ひざまずいた受洗者の頭に牧師が3度、水を注ぎかけるかたちでした。洗礼式がついに始まるとき、私の胸は高鳴りました。「あの水を受けたら、自分はいったいどうなるのだろうか」。

洗礼は水の中に自らを沈めて新しい自分になるのだと、牧師に教わっていたからです。さながらアニメでヒロインが変身するときのように、体じゅうから光があふれ、まったく違う自分へと変身するのだろうか。熱い思いは最高潮。そこへ、洗礼盤に満たされていた真冬の冷たい水が一気に注がれました。ぱりっと糊《のり》をきかせた制服の襟が、牧師の大きな手のひらから水をかけられて瞬く間にゆるみます。「ああ、制服をまたクリーニング屋に持って行かなければ」。……あれ？　今、私は何を考えた？　肝心な瞬間に制服の心配をしていたな？　これが新しい自分なのか？　悲しい。あまりに悲しい。結局、体からレーザービームのようにほとばしる虹色の光は体感できませんでした。

洗礼式後に迎えた冬休みは、家族から「洗礼を受けたのに相変わらずのぐうらだ」とからかわれ。友人らからも「なんだ、変わらないじゃん」と言われ。夢がなくてスミマセン。とにかく、キリスト教徒になるために洗礼を受けたわけですが、次の瞬間から立派な人格者に変身するわけではまったくなかったのです。でも、むしろ、それでよかったのです。そこからが、今なお続くおもしろい旅の始まりだったのですから。

いま私は北関東の小さな町で牧師をしています。その町で一番小さな幼稚園の園長もしています。たいていは教会と幼稚園で一日を過ごします。大した仕事はしていませんが、「聴く」ことは大切にしていることのひとつです。時折誰かの話に耳と心を傾けますが、その「神さまどうして？　なぜ私が？」を一緒に見つめるひとときといってもよいでしょう。私はどれだけがんばってもその人の隣人《となりびと》です。苦しんでいる本人にはなれません。でも、隣人だからこそ、一緒に歩くことができます。過ぎてきた日々を一緒に思いめぐらせながら、お茶も飲めます。なにより、その人の歩んできた人生のそこらじゅうに実はあった、とびきりのたからものを一緒に発見するような瞬間があるのです。それは、その人と神さまにしかわからないようなたからもの。でも、この世にふたつとない、目に見えない至宝です。そういうとき、私は牧師として最高にうれしいのです。

どんな出来事にも、神さまが鍵穴や取っ手を付けてくださっている。そしてかならず必要なものを与えてくださっている。私は今日もどこかで、めげたり落ち込んだりするけれど、いつもそう強く信じているのです。

もくじ

第3章　あきのゆうべ――迷いという名の道

第4章　ふゆの夜――憂いという名の窓

＊聖書の引用は『聖書　新共同訳』（日本聖書協会）
に基づいています。

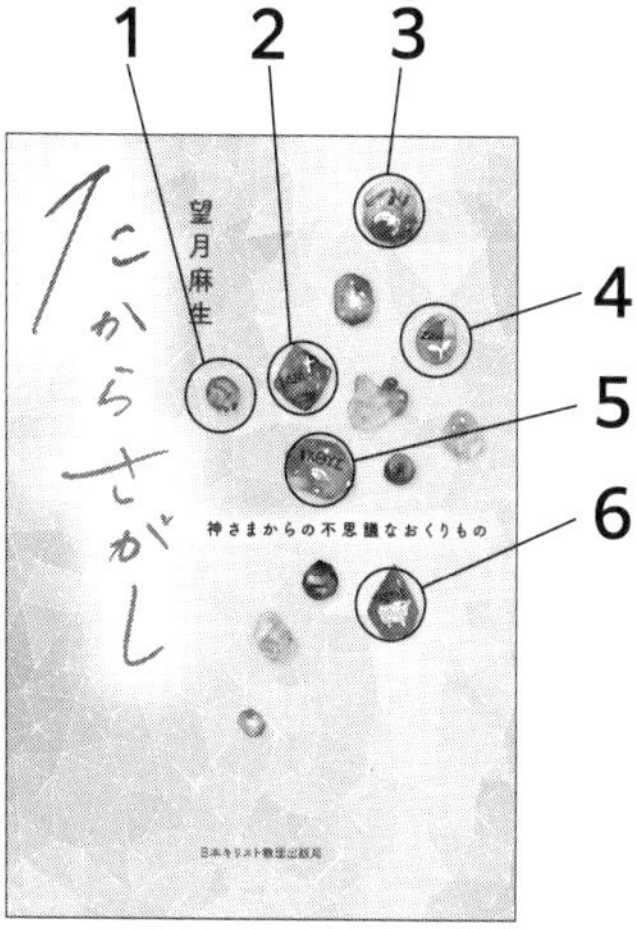

＊表紙の文字はギリシャ語です。

1. ΕΛΠΙΣ「エルピス／希望」
2. ΣΩΖΩ「ソーゾー／救う・癒やす・解放する」
3. ΕΙΡΗΝΗ「エイレーネー／平和」
4. ΖΩΗ「ゾーエー／いのち」
5. ΙΧΘΥΣ「イクトゥース／魚」
（初期のキリスト教徒はギリシャ語で「イエス キリスト　神の子　救い主」の頭文字を並べた ΙΧΘΥΣ を隠れたシンボルとして用いた。）
6. ΠΙΣΤΙΣ「ピスティス／信仰」

このエッセーを書いた人——＊

教会の牧師、幼稚園の園長です

温暖な静岡に生まれ育ちました。実家にはお仏壇があります。祖父は鎌倉彫の職人、父は造形作家ですが、私は一家最強の不器用人間。学園祭でのパイプオルガンの音色に魅かれて、入学したのはキリスト教主義の女子校でした。

京都での大学・大学院時代は、さほど勉学に励みませんでした。しかし日々遊んだ経験が、教会や幼稚園で働くうえで意外と役に立つ今日この頃です。イラストや消しゴムはんこ（本書の章扉）は、牧師になってから独学で始めたものです。

第1章

はるのあした

痛みという名の扉

赤い鍋

自宅の台所にひとつ、とてもいい鍋があります。フランス生まれの人気のキッチンウエア、ル・クルーゼのホーロー鍋です。12年以上はこの真っ赤な鍋と一緒に過ごしているでしょうか。この鋳物の鍋で、もう数えきれないくらい料理をしました。これは、自分が最初に牧師として働きはじめ、お世話になった教会を離任するとき、記念品としていただいたものです。ご高齢のおばあちゃんが2人がかりで、この重たい鍋を私のところまで持ってきてくださり、かえって申し訳なかったのを覚えています。

皆さんの気持ちが詰まった、それはそれは大切な鍋ですが、もうひとつ、私がこの鍋を大切にしている理由があります。それは、鍋をいただいたのが2011年3月11日だったからです。

東日本大震災が発生した日の午前中に、私が最後に触れたもの。それが、この鍋だったのです。その次に自分の指で触れたものは、午後2時46分を指したまま壁から落ちて止まった、教会の掛け時計。時計からこぼれ落ちたガラスのかけらはさながら、想像を絶する変わりようを見せはじめた世界のかけらでした。私が住んでいた東京都国分寺市の界隈は、時間帯ごとに決められた地区の電気が止まる「計画停電」も実施されました。電気を一番使いたい夕方6時から夜9時の間でさえも、毎日のように停電したのです。

教会の近くに、一軒の料理屋さんがあります。教会は小高い丘の上にあり、その坂道のある交差点に、午後6時になるとそのお店の明かりが灯るのです。ワインと煮込み料理がおいしい店で、店主さんとも仲良くなりました。週に何回かは仕事終わりのワインと店主との会話を楽しみに、その店へ通ったものです。今も東京で用事があると、寄っていきます。「寄る」といっても自宅のある方向とはまるで違いますが。店の扉を開けると、スパイスやワインや煮込み料理のいい匂い。そして「あら、いらっしゃい」と、変わることのない店主の笑顔。あの赤い鍋は、店主が愛用しているメーカーのもので、私はずっと憧れていたのです。

震災発生から2日後のことです。計画停電の実施された冷たい闇夜でした。私は懐中電灯を片手に、教会のある丘をくだりました。街は星あかりに照らされるのみ。いつもの国分寺は雑多さが楽しい、にぎやかな街です。その暗さを体感しておきたかったのです。夜の星がきれいに見えたことには驚きました。もっと驚いたことに、行きつけのあの店にも、明かりが灯っていたのです。近づくと、ロウソクを入れる簡易的なランタンがいくつか。ロウソクの光って、こんなに明るいものだったのか。そして、「あらいらっしゃい、どうぞ!!」という店主の声。なんと、暗闇の中で営業していたのです。あわてて財布を取りに帰り、出直しました。

店主はカセットコンロの上にあの赤い鍋を乗せて、何かをコトコトと煮ています。ランタンがいくつか置かれたカウンターのテーブル。その上には、大きなお皿に山盛りの、野菜の煮物や炒め物。「京都のおばんざい屋さんみたいでしょう」と店主は笑いました。地震や津波でこの街が壊れることはありませんでした。けれども、一刻一刻と、各地のひどい状況が伝わってきました。黒く濁って重たい何かに心がやられてしまいそうでした。そうした中、電気と時が止まったような街角で、優しい光と温かな料理と店主の朗らかさがどれほどうれしかったことか。集った者たちで語り合い、あるいは沈黙を共有しました。それが自分の心をずいぶんと助けてくれたのです。あの場は、私がこうありたいと願う教会の姿でもありました。共に食事を囲み、声にならない思いを静かに共有し、誰かが元気でいてくれたらそれだけでうれしく思える、そんな姿。

私はそれから2週間後、この街を旅立ちました。新しい地で、教会の牧師となりました。東日本大震災発生からの年数はそのまま、私が牧師としてひとり立ちしてからの年数でもあります。聖書の昔から「剣（戦争）・災害・疫病」は社会を絶えず翻弄してきましたが、今もそれはまったく変わらないことを、痛いほどに実感します。しかし、台所で鍋の赤い色を見つけるたび、私はあの闇夜に灯っていた小さなロウソクの、小さくない存在感とぬくもりを思い起こすのです。こうありたいと神さまに願ったあの日のことも。

タケノコ

あるところに、春の期間だけ妙に敬遠されている人がいました。決して悪い人ではありません。お仲間もたくさんいます。愛犬も2匹。それぞれ「なめこ」「まつたけ」と名付けられ、かわいがられています。繰り返しますが、決して悪い人ではありません。ただ、なぜか春だけ避けられているのです。観察していると、あることに人を誘うのが原因のようでした。

「あんた、うちにタケノコ掘りに来ないか？」すると皆は精いっぱい微笑みますが、用事があるとか孫の世話だとかで必死に断るのです。その人と年齢の近い人たちが誰も行かなかったので、ついに私にもお誘いが来ました。タケノコを掘っても自分で下ごしらえするのはかなり手間がかかるので、できれば関わりたくありません。タケノコは、私のような面倒くさがりには高嶺の花。

私が誘われているのを見た別の人が「やめといたほうがいいわよ」と耳元で教えてくれました。しかし、私は好奇心の方が勝ってしまいました。タケノコをゆでたくなったわけではありません。そんなにみんなが避けるタケノコ掘りとはいったい何なのか。

私は自転車のカゴに軍手を入れ、その「現場」へと向かいました。その人は、門のところで仁王立ちになって迎えてくれました。そして竹が生い茂る庭の裏側に私を案内しました。足元に、まさに掘り頃のタケノコが頭をちょこんと出しています。「よし」と、私はスコップを土に差し込みました。するとアンタちがうよ、これ掘ってよ、これ」。見るとそれは、もうかなり成長している1本です。もはや竹になりかけています。「食べられませんよコレ」「いいんだよ、持ち帰るには大きい方がいいだろう」。

ちょうどいいタケノコ具合のものもいくつか掘り出しましたが、それはその人がすべて回収。そして、私の自転車のカゴには、竹なのかタケノコなのかわからないものが複数突き刺さっていました。しかもその人、「これ、自分で作ったキムチ」と、赤い物体が詰まったポリ袋も勝手に積んでいます。帰宅する数十分の間、どれほどつらかったか。強烈なニンニク臭を発しながら、トウが立ちすぎたタケノコをカゴに満載して自転車で走る。しかも、商店街を通過しないと帰宅できなかったんです。通行人のまなざしが刺さります。キムチは一口いただいてひと悶《もだ》えしたあと、自治体の指示に従ったやり方で手厚く処分いたしました。

このようにして、私も翌年はお誘いを断るようになったのです。ついに誰も行かなくなりました。すると、驚くべきことが生じたのです。その人はある日、自宅の床の間に大きなタケノコが置かれているのを見つけました。「誰だ、床の間にタケノコなんか飾ったのは」と言いながらどかそうとしましたが、なんとタケノコは動かないのです。そう、竹が床を突き破り、いいあんばいで床の間に顔を出したのでした。その人はそんなことをみんなに話しながら笑うのです。そして、それをきっかけに、その人は高齢者ホームへ入ることを決めたのでした。

あの「タケノコ掘りに来ない？」は、あの人なりの「助けて」だったのではないかと、だいぶ時間がたってから私は思いをめぐらせました。勢いよく育つ竹を管理するのは本当に大変ですから。日中はほぼひとりという中、茂り続ける竹と闘うのは骨が折れることだったでしょう。「竹があちこちに生えて困っている」と言えたらそれにこしたことはなかったはず。他の人も快く助けに行ったことでしょう。けれども、「助けて」ってまっすぐ誰かに言うのは、実は結構勇気がいることです。プライドがあったり気が引けたりするのです。だからあの人もきっと、タケノコ掘りを装ったり、お土産用に独特なキムチを漬けてみたり。その不器用な「助けて」が、今ではいとおしいです。良いタケノコは人に渡さないあたりもまた。

旧約聖書の「詩編」には、「神さま助けてください」という全身全霊の叫びがたくさん載っています。あなたに助けられなくて、私はどうやって生きていくんですか、その思いが伝わってきます。私も誰かに「助けて」と言うのが苦手です。でも思い切って言うのも決して悪いことではないと、旧約の詩人たちは教えてくれるのです。

私も今、本当に困っています。現在住んでいる自宅の裏にも、たくさんの細い竹が生えているのです。タケノコ、掘りに来ませんか？

茨の冠

エルサレム旧市街地の一角を縫うようにして続くヴィア・ドロローサ（ラテン語で「苦難の道」の意味）はイエスが十字架を背負って歩いた道として知られます。世界中から巡礼客が訪れるその道にひしめく土産物屋。かつて十字架を背負うイエスへ浴びせられた罵声は、巡礼者たちのざわめきへと変わっています。京都の清水寺付近のにぎわいを彷彿《ほうふつ》とさせます。レンタサイクルの風情で店先に何本もの十字架が並べられている出店を見かけてびっくり。それはレンタル十字架屋だったのです。米ドルで10ドルほど払うと、ヴィア・ドロローサの終着点である聖墳墓教会までそれを担がせてくれるというものです。

大きめの板が組み合わされた全長約１７０センチほどの十字架。一見、楽に担げそうです。ちなみに、本当の十字架刑はすでに十字に組まれた十字架を担ぐのではありません。縦木《たてき》はすでに刑場に運ばれており、囚人は横木《よこぎ》のみを担がされたのだそうです。横木といえど、激しく鞭《むち》打たれて息も絶え絶えのところに重たい木を担がされるのですから過酷そのもの。なので、レンタル十字架屋さんの十字架はあくまでも雰囲気重視です。重さもイエスさまが背負った横木に比べれば大したことはないでしょう。けれども石畳の上り道。板でできた十字架であっても、意外と重たく肩にのしかかります。なので、多くの客は持て余し、途中で放棄します。私がかの地を旅したときには、そうして捨てられた十字架が路上の所々に放置されていました。

私はそのうちのひとつを素知らぬふりで代わりに背負い、聖墳墓教会直前まで運びました。日本の観光地ならば「ご自分の十字架は最後まで背負いましょう」「他の人の十字架は担がないでください」などという注意書きが貼られかねない、「聖地」ならではのちょっとした光景でした。

そのレンタル十字架屋の隣にある店の軒先に、荊《いばら》の冠《かんむり》が無造作に並べられていました。日本でも、どこかの教会でこれが飾られているのを見たことがあります。それにしても、Tシャツや絵葉書と並んでいくつもの荊冠《けいかん》が無造作に陳列されているのはどこか異様でもありました。旅の同行者のひとりが荊冠を購入しましたが、むき出しのまま手渡されて途方に暮れていました。土産物の荊冠といえど、これでもかとおそろしい棘《とげ》をたくさん生やした茨《いばら》で編み込まれていたのです。

私はふと、これらの冠は誰が作っているのだろうかと思いをめぐらせました。家族の生業《なりわい》としてこの冠をひたすら作っている人たちがいるのか、あるいは外国に発注しているのか。小さい冠は、1つあたり原価はどれくらいなのか。原材料はどこで採集してくるのか。職人が指を怪我《けが》した場合はどうなるのか……。想像はふくらみます。少なくとも、この荊冠を編み続けている人がどこかにいるから、多くの店の軒先に並んでいるのでしょう。大小さまざまな荊冠を編むために茨に触れた人たちがいるのです。

その人たちの手が、イエスにかぶせる荊冠を編んだ兵士の手を私に思い起こさせました。イエスにかぶせるため、ローマ兵たちは自分たちの手でその冠を編みました。自分たちで発案したのか、あるいは立場が上である人たちにやらされていたのかはわかりません。けれども、棘だらけの茨は、誰も触りたくなどないものです。

そのあと兵士たちはイエスを平手で打ちました。「ひとりの兵士」ではなく「兵士たち」という複数形なのです。なすがままにされるイエスを皆がするとおりに殴った手、笑いながらあざけった口は、彼らがそれぞれひとりになったとき、密かに痛んだのでしょうか。イエスにかぶせた茨の棘で傷ついた自分の手の指を、こっそりさすることはあったのでしょうか。痛まなかったかもしれないし、痛いと思いたくなかったかもしれません。

しかし、イエスは人知れず、その手、その心さえ背負って十字架にかかられました。イエスから逃げた者、苦しめた者、その苦しみと無関心でいた者は、排除されるのではなく、むしろ招かれているのです。イエス・キリストは、そのような者にこそ、ご自分のいのちをお与えになったのです。後悔しかできない者のために。逃げるときの足の痛みを知る者のために。隣人《となりびと》と自分の痛みに向き合おうとしない者のために。

丁寧

「置かれた場所で咲きな」

本棚に並ぶ背表紙から、ずいぶんワイルドな言葉を投げかけられたある日。

よく見ると、渡辺和子さんの著作『置かれた場所で咲きなさい』（幻冬舎）の帯がずれていたのでした。渡辺和子さんはカトリックのシスター（修道者）として生涯を歩まれた方です。本を久しぶりに棚から出して帯を直し、何気なくページをめくりました。すると、ある言葉に目が留まりました。「ていねいに生きるとは、自分に与えられた試練さえも、両手でいただくこと。すすんで人のために自我を殺すことが、平和といのちを生み出す」。自分で言うのもなんですが、私はかなり冷めた人間です。普段はあれもこれも「きっと神さまのお導き」とはすぐさま考えません。

でもこのときばかりは素直に、「神さまがこの本を手に取らせてくれたのかな」と思いました。なぜなら、いろんなことがあって「もう牧師なんてやめてやる」と考えていたからです。本気で思っていました。そのように、猛烈に沸騰していた心を撃ち抜く威力ある言葉でした。「置かれた場所で咲きな」の背表紙と、それに続いた渡辺和子さんの言葉は。

正直、私は試練を両手でいただくなんてしたくもないです。進んで人のために自我を殺すと見せかけて卑屈なだけの自分に嫌気も差しています。神さまはそんな私をご存じなはず。

私はふと、新約聖書の福音書に登場するキレネ人シモンを思い出しました。ある日シモンは街角で、刑場へ引かれていくひとりの死刑囚に行き合います。ぼろぼろの布をまとった死刑囚は十字架の横木《よこぎ》を背負わされています。刑場に着いたなら、囚人はその横木に自分の両腕を打ち付けられ、縦木《たてき》に横木ごと固定されるのです。もっとも屈辱的な刑です。当時ローマの属州（古代ローマの本国以外の領土）に住んでいた者なら、その残酷さと惨めさを見聞きしたことがあったでしょう。

激しく鞭《むち》打たれた傷だらけの囚人が、重たい横木を担がされてシモンのそばを通ります。すると周りにいた人たちはどういうわけか、ただそこにいただけのシモンに囚人の十字架を背負わせ、囚人のあとを歩かせたのです。その囚人がナザレのイエスであったことを、シモンは知ったでしょうか。シモンのふるさとキレネは北アフリカのリビアにあった大きな都市でした。「人々はイエスを引いて行く途中、田舎から出て来たシモンというキレネ人を捕まえて、十字架を背負わせ、イエスの後ろから運ばせた」とあります（ルカによる福音書23章26節）。

シモンの出身地キレネは、少なくともこの時代、決して田舎ではありませんでした。しかしルカ福音書はあえてシモンを「田舎から出て来た」者として強調します。シモンがいかに、人々に手荒く扱われたか。「シモンというキレネ人を捕まえて」という表現をとおして私は思いをはせます。

シモンは右も左もわからない田舎者として扱われ、犯罪人でもないのに十字架を背負わされ、沿道の民衆への見せもの同然となりました。置かれた場所で咲くどころか、置かれた場所で踏み付けられたシモンを見るような思いがします。その姿に、私は先ほどの渡辺和子さんの言葉を重ね合わせます。「自分に与えられた試練さえも、両手でいただくこと。すすんで人のために自我を殺すこと」。シモンは、そうすることを強いられました。彼は、「イエスの代わりなら喜んで」と十字架を担いだわけではありません。そして、刑場であるゴルゴタに着いてから後の、シモンの行方は誰も知りません。さて、彼の人生は「ていねいに生き」たことになるのでしょうか。イエスはなぜか、このシモンにだけは何も話さないのです。イエスとシモンとだけの間にある、不思議な沈黙。たった一瞬だけ登場するシモンは、いつも私に謎を残します。

自分の生きる姿を美しくまとめないまま歩くのも、また良し。私は私のまま、一緒に歩き続けたいと思いました。美しさなどまるでない、暴力と人間の醜さが満ちた喧騒の中で無理矢理十字架を担わされる、キレネ人シモンと。

イースターエッグ

「みんなで卵を食べる春のお祭り」と、近所のスーパーでは説明されていたイースター。確かにみんなで卵を食べるし、春のお祭りではあるけれど。クリスマスのケーキ、節分の恵方巻、この国ではいろいろな宗教行事が「みんなで特定のものを食べる祭り」化されていくのがおもしろいです。イースター（復活祭）は特にわかりづらいものです。イエス・キリストが復活したことを祝う、実はクリスマスよりも歴史が古い祭り、イースター。教会などで、庭に隠したカラフルなイースターエッグを探すエッグハントは子どもたちのお楽しみのひとつです。

単にかわいいから卵を使っているのではありません。大切な意味があります。卵の硬い殻は、死やお墓を表しています。イエスさまが死を打ち破って復活なさったことを、ヒナが元気に卵の殻を破って生まれてくる姿に重ねているのです。

さて、エッグハントを教会の大人も楽しんでほしいと思った私は、今年、教会の礼拝堂にこっそり隠してみたのです、たくさんのイースターエッグ。

イースターを翌朝に控えた土曜日の夜、私は卵の形のカプセルにキャンディーを詰め込み、教会のあちこちに置いて回りました。その数50個。いつも日曜日に教会へ来る人は25名ほどですから、その倍です。最後の卵を観葉植物の根元にそっと隠し、明かりを消して準備完了です。さて、穏やかに晴れたイースターの朝。私は礼拝堂の講壇に立ちました。しかし皆の様子を見ると、誰ひとりとしてイースターエッグには気づいていません。多くの人はこの会堂に何十年も通い続けているのです。ベンチの下から鮮やかなピンクの卵が、賛美歌を歌う皆を見上げています。そこで、説教をしめくくるとき、皆さんにお伝えしました。みんな一斉に礼拝堂を眺めまわし「あ、あった」「ほんとだ」と小さく声を上げています。寝ていた人は「えっ、何があったんですか」と不思議そう。「イエスさまが復活したときも、こんな感じだったのかな？」と、ある人がぽつり。きっと私も教会の人と同じ立場だったら、やはり言われるまで気づかないか、寝てるかしていたでしょう。

新約聖書のルカによる福音書に描かれる、エマオへ向かうイエス・キリストの2人の弟子の物語。イエスの死を悲しむ弟子たちが、知らぬうちにイエスと共に歩き、語り合います。しかしまだ彼らはその方がイエスだとは気づきません。しかし食卓につき、ついに気づきます。そして信じるのです。「主は復活した」と。他の弟子たちのもとへ駆けていく2人。私には、時に彼らのことがうらやましく思えます。そこですぐ気づくことができたのだもの。

1年に1回のイースターは、イエス・キリストの復活をお祝いする日です。キリスト教にとっては一番大切なお祭りといってもいいでしょう。晴れやかな日です。しかし、いつも深く考えるのです。「復活って何だろう?」クリスマスはある意味わかりやすいです。赤ちゃんが生まれたことをお祝いすることは、多くの人が経験していますから。しかし、復活はどうでしょう。イエス・キリストの復活は、意外とひっそりとした出来事です。もしも当時の都であったエルサレムで、群衆が見ている前で光り輝くように復活なさったのなら、人々は驚き、信じもしたでしょう。しかし、そうではないのです。イエスは大群衆にではなく、ひとりひとりの前に現れます。そして、その人たちに関わります。そこで初めて、出会った人たちは確信するのです。イエス・キリストは復活したと。

私自身、毎年イースターを迎えるたび、自分の中でいまだに受け入れられない、大切な人の死があることを思い起こします。イースターに洗礼を受けた学生時代の先輩は、それから間もなく自死しました。4月の半ばのころでした。自宅で営まれた葬儀に参列しても、出棺のときに彼の茶碗が割られても、なお彼がいなくなったことが信じられませんでした。

なのに、葬儀からだいぶ日がたったある夕暮れ、路線バスに乗っていたときのことです。巨大な影のような比叡山を眺めていると、「ああ、あの人とはもう、一緒に夕飯を食べることがないのだ」という思いがあふれてきました。そこから涙が流れて止まりませんでした。春になると、そのことを思い出します。先輩の歳はとっくに追い越してしまいました。学生の姿のままの、記憶の中のあの人。私の心の一部分はいまだに、エマオへの途上を歩む者です。

花束

幼稚園の庭に、小さなビオトープを作りました。ビオトープというのはさまざまな生き物が共生する場所です。まだ冬だったころに、ささやかな池を作りました。周りには植物も植えました。暖かくなるにつれて、水草が茂りはじめました。バスの運転手さんがメダカを持ってきてくれました。さっそく元気に泳いでいます。池の底には小さなエビもいて、メダカの食べ残しなどを食べてくれています。それだけでうれしくて、一日に何度も様子を見に行きました。そのうち、最初はいなかった生き物も徐々に増えてきました。特に虫。これがビオトープの醍醐味です。

けれども正直、私は虫があまり得意ではありません。ある日、その池に何匹か、謎の幼虫が泳いでいました。イモムシみたいで、細長いしっぽがついていて、うねりくねりしながらゆっくり泳いでいます。しっぽの先がやけに器用に動きます。一番苦手な類ですが、そういうものほど目が離せません。心の声が、つい口に出てしまいました。「うわ、気持ち悪い……」。そこに、虫好きな子どもがやってきました。彼女は４歳にして、珍しいテントウムシを見つけて雑誌に名前が載ったほどの虫博士。池をのぞきこむと「アブの幼虫だ！」「かわいい！」とにっこり。

そのとき私は思いました。この子の目からはすべての生き物がかわいくおもしろいのだと。そして、私はただその幼虫を、「気持ち悪い」と決めつけていたのだと。彼女のまなざしは、まるで神さまの目のよう。神さまにとっては、すべての生き物がいとおしく、神さまにとっては、いてはならない生き物などないのです。私は自分でビオトープという小世界を作りましたが、どこかで「この池にいたらうれしい生き物」「いたら嫌な生き物」を分けていたように思います。池だけでなく、自分が住んでいる世界でも、ひょっとしたら同じことをしてはいないかと思いました。

突然ですが、花束を、誰かにあげたことがありますか。いにしえから、人は大切な誰かに花を贈ってきました。それと前の話とどう関係があるの、と思うでしょう。あるのです。冷たい言い方ですが、私たちは残念ながら、誰にでも花をあげたいわけではないからです。

あなたが花をプレゼントするのは、どんな人でしょうか。どんなときでしょうか。がんばった人に。ありがとうを言いたい人に。大好きを伝えたい人に。あるいは「がんばれ」を言うために。悲しい思いをしてしょんぼりしている人に……。誰かに花をあげるというのは、「あなたを応援しているよ、あなたが大好きだよ、よくがんばったね」、そういう思いを伝えるためであることが多いです。

でも、私たちの目には、不潔でだらしないように見える誰かの人生があります。私たちの目には、弱音を言って怠けているようにしか見えない誰かの姿が映ります。私たちの身近には、自分には到底受け入れがたい、誰かの生きる姿があります。その人たちに、私たちは「応援しているよ」「大好きだよ」と花をあげられるでしょうか。小さな花どころか、「だらしない」「いつまでもそういう生活をしているからダメなんだ」と、心から血を流させるような言葉やまなざしを投げかけることさえあります。「いや、そんなことはない」「自分は誰に対しても優しい言葉をきっとかけられる」、そう思う人が大半でしょう。そう、誰もがいのちがけで生きています。

そして誰もが、どんな大きな花束でも足りないくらいいとしい存在。しかし、「すべてをいとおしく思う」には、悲しいかな、私もまだまだ修行が必要です。

ある日、私は東京で電車に乗っていました。新宿駅でドアが開き、私の目の前に座った親子。小学生の兄妹2人とお母さんです。お兄ちゃんは大切そうに、プラケースをひとつ抱えていました。そのうち、何かを指に乗せて取り出しはじめました。出てくる出てくる、計6匹の丸々太った巨大な緑のイモムシ。兄妹は楽しそうに、6匹のイモムシを座席に這《は》わせはじめました。お母さんは我が子たちを見つめて幸せそうに微笑みます。

周りの人たちは「ヒッ」と小さく悲鳴を上げました。別の車両に逃げた人も。やんわり注意した人に、お母さんはにっこり。「大丈夫、だって毒はありませんから」。すみません、私も隣の車両に逃げました。イモムシはもちろんかけがえのないいのち。けれどもなるべく電車では見たくないのです。イモムシとのたわむれは、おうちに帰ったらでお願いします……。この世界で共存するのが一番難しいのは、人間同士なのかもしれません。

第2章

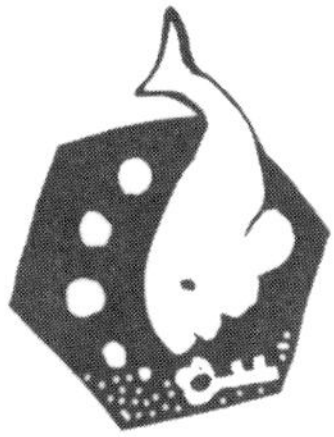

なつのまひる

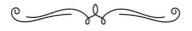

悩みという名の鍵

歌

少し奮発して、ワイヤレスのイヤホンを買いました。選んだ理由は音楽を楽しむためもあるけれど、「ノイズキャンセリング」という機能の高さ。これは、周囲の雑音（ノイズ）を軽減してくれるというものです。さっそく装着して驚きました。雑音の軽減どころか、設定によってはまったくの静寂そのもの。邪魔な音を打ち消して、自分のしたいことに集中できるのです。たとえ喫茶店で、30秒おきに全員が爆笑するおばあちゃん集団の隣でも、たとえ電車で隣に座った人が大いびきをかいて眠りこけていても、ノイズキャンセリングの機能を使えば、耳元で静かにバッハのコラール（賛美歌）が聞こえるのみ。大変便利なものです。

でもあるとき、このイヤホンを頼りにしすぎている自分に気づきました。それは幼稚園の職員室で書類仕事をしていたときのこと。職員室の隣の教室では、何人かの子どもたちが、夕方遅くまで延長保育の時間を過ごしています。その日はとりわけにぎやかでした。金切り声、泣き声、絶えない口げんか。私は何気なく、鞄の中からイヤホンを取り出し、装着しようとしました。これを着ければ静かな環境が手に入ります。けれども、その手を止めて考えました。「子どもの声は、私にとって邪魔な音なのか？」確かに集中したいときには静かであってほしいのです。でも、すべてを邪魔なものとして片付けてしまってよいのかと。やがて私は気づかぬ間に、不要とみなしたものを、疑問も抱かず排除するような人間になりはしないだろうか……。イヤホンひとつで大げさかもしれません。けれど、ひとたび何かを排除しだすと、エスカレートしていくのも人間の姿です。私はノートパソコンをたたみ、自分が静かな部屋に移動しました。

現代音楽の作曲家であった末吉保雄さん。テレビ番組で使われる子どもの歌を多く作曲してきた方です。あることがきっかけで知り合いになりました。その末吉さんが、以前私にこういうお話をしてくださいました。日本人が歌うときの音域は、年々狭くなっているのだそうです。それは、すでに30年ほど前から目立ちはじめた現象だといいます。末吉さんは、わずかな音域でしか歌えない子どもたちが歌うために、ずいぶんと工夫して作曲をしてきたのでした。「なぜ、歌う音域が狭くなったかわかりますか」。私が答えに苦慮していると、末吉さんは教えてくれました。「それは赤ちゃんが大声で泣かなくなった、あるいは泣けなくなったからですよ」。

ご存じのとおり、赤ちゃんは盛大に泣きわめきます。それより少し大きくなった幼児も、四六時中金切り声を出したり叫んだり。実はそれが声の幅を広げるのだそうです。乳幼児の時代に大きい声や甲高い声を出すのは、音域を広げる練習でもあるのです。けれども今は、小さな子どもの声は単に「うるさいもの」と捉えられがちです。公共の場でも、自宅を取り巻く近所でも。だから、叫んだり泣いたりする機会が少なくなり、大人になったときの音域も狭くなるのだと末吉さんは教えてくれました。音域が「ピアノの真ん中のド・レ・ミ・ファ・ソ・ラ」しかない子どもが歌える曲を作ってください、というリクエストも、末吉さんのもとには実際にあったと伺いました。なお、大人になって泣いたり叫んだりしても、残念ながら効果はあまりないそうです。

末吉さんのお話は仮説のひとつかもしれません。でも、実に示唆に富んだ素敵な仮説です。もしも、あなたが大いに泣き叫んでいる子どもに出会ったら、この話を思い出してほしいのです。「おお、今日も元気に発声練習しているなあ」と。私たち自身も赤子のとき、大いに発声練習をして今に至っているわけですから。

バスや電車で大泣きする子どもを泣き止ませようとする、保護者の申し訳なさそうな顔と、周囲の冷ややかな視線。「ノイズ」と思われているものには、たくさんの明日が詰まっているのです。

母マリアに抱かれた赤ちゃんのイエスさまを絵や像で見ると、イエスさまはたいてい、幼児ばなれした厳粛な顔つきだったり、穏やかな表情だったり。元気よく泣きわめいているイエスさまという絵はあまり見かけないように思います。どなたか大声で泣き叫んでいるイエスさまを描いてくださるとよいのだけれど。

羊

すべてがうまくいかないという経験を自分が初めてしたのは、高校2年生のときでした。それまでもうまくはいっていなかったのだろうけれど、自覚がなかったのです。私はずいぶんと、自分では知らないうちに周囲の人を振り回してきたのです。思い返せば恥ずかしいことだらけですが、しかしそうした自分が変えられていく経験もしてきました。最初から何事もそつなくこなせる自分であったらよかったのに、そう思ったことは数え切れません。でも、自分でも取り扱い方が難しい自分だったからこそ得られたものも計り知れません。

パイプオルガンの音色に魅かれて入学したキリスト教主義の中高一貫校。そこで初めて、私は祈ることを教わりました。「お祈りは神さまとお話しすることだ」と。会話をしている実感はなかったけれど、騒がしい女子校の日常にあって、毎朝の礼拝が好きでした。声に出さずとも自分の思いを神さまに打ち明ける、静かな時間を愛していました。「神さまがいるのかいないのか」ということは深く考えず、とにかく素直に、教えられるままに神さまにお祈りをしていました。

高校2年生の春、ある友人との仲が決裂しました。当時の私には根拠のない万能感が常にあり、自分のしていることは正しいと信じて疑いませんでした。しかし、そうした在り方は、周りの友達、とりわけ私と組んで生徒会の仕事をしてくれていた友人を振り回し、傷つけていただけでした。

それに気づいたときは少し遅かったのです。皆の忠告さえ素直に聞けなかった私は、とうとうひとりきりになってしまいました。関係を回復したいと願いましたが、思うようにはいきませんでした。どうしようもなくなって、ひとりの殻に閉じこもるようになりました。成績も惨めなまでに落ちました。いろいろなきっかけを探して、力を尽くしては躍起になり、けれども空回りするばかりの苦しかった日々……。

ある朝、学校の朝の礼拝で、すでに疲れ果てて目を閉じていた私。ふと、今まで考えもしなかったことが心に浮かびました。「神さまなんて、本当はいないんじゃないか？」と。今まで、呼びかけたらその先にいることが前提だった神さまの存在を初めて疑いました。祈る私の向こうには、神さまなどいないのではないか。そう思った次の瞬間、言い知れぬ寂しさに突き落とされたのを、今でもはっきり覚えています。ついに自分は、祈る相手すらなくしてしまったのだと。

それから、しばらく時がたちました。友人関係は解決の糸口が見つかり、むしろ前よりもずっと良好な関係を築くことができました。毎日のお弁当を、友達と安心して囲めるだけでも、ずいぶん生きた心地がしました。

しかし、以前は感じなかったむなしさを、私はなお心に抱えたままでした。私は祈る相手を失ったままだったのです。「みんなとまた仲良くなれたし、神さまはもうどうでもいいか」とは思えなかったのです。むしろ、どうしても取り戻したいものでした。しかし、自分ではどうしていいかわかりませんでした。誰にどう打ち明けたらよいのかもわかりませんでした。

その夏、私は学校の別荘で行われた、3泊4日のキャンプに参加しました。最後の日、キャンプを閉じる礼拝でのこと。学校で聖書を教えておられた先生が「見失った羊のたとえ」（ルカによる福音書15章1～7節）について話してくれました。「イエスさまには、他の99よりも大切な1がある。99匹の羊を野原に置いておくというリスクをおかしてまで探す、大切な1がある。その1とは、あなたなのだ」。

　この一言は、私を丸ごとわしづかみにしました。否、自分を探しに来たイエスさまの手が自分に触れたのでした。ああ、イエスさまは他のものをすべて置いて、こんな遠くまで私を探しに来てくださったのだ。自分は神さまを自力で探していたと思っていたのに、本当に探されていたのは私の方だったのだ……。キャンプから帰ってすぐ、私の足はいつも通っていた教会へと向きました。どんなことがあっても、私には祈りを聞いてくださる神さまがいる、私を探してくださるイエスさまがいる。素朴で荒削りすぎる確信ですが、それが私の原点なのです。

塩

せっかくこの地球に生まれたのだから、生きているうちにやってみたいことがいくつかあります。しかし「ピサの斜塔からスーパーボールを落とす」は未遂に終わりました。そもそもやってはいけませんが、雨上がりのピサの斜塔の頂上はすべりやすいのです。おまけに塔が傾いているのですから、恐ろしくて歩けませんでした。「ライオンにマタタビをあげる」もいつかやってみたいのですが、当分実現できそうにありません。他にも「生きているシーラカンスを見る」などがありますが、生涯が終わるまでにかなうでしょうか。

いくつか、かなったと思われるものもあります。そのひとつが「死海できゅうりの浅漬けを作る」です。死海はイスラエル国とヨルダンにまたがる、世界で最も低い場所にある塩水湖。その塩分濃度は約30パーセント。海水の10倍ほどもあるのです。湖に浮いて本が読めるといわれています。確かに読めますが、バランスを崩すと湖水が目に入って大変なことになります。私はこの湖を訪れた際、指先に小さなささくれがあるのに気づかないまま死海に入りました。突然、指先を容赦ない痛みが襲ってきました。

宿泊したホテルはかつては死海の湖畔にあったようですが、今は湖が大変小さくなりつつあるため（気候的要因と人為的要因からだそうです）、遠くに湖面を望むばかりでした。それでも私は朝食ビュッフェからきゅうりを失敬し、ビニール袋に入れて出かけました。同じツアーの参加者はみんなホテルのエステで美容に励んでいます。

私はきゅうりを携えて孤高の散歩。湖畔に着くと、岸辺にはこんぺいとうのような塩の結晶が、強烈な日差しを受けています。この光景からしてもう、きゅうりがいい、いい浅漬からないことは明白です。「しかし、たった一滴だったら……」。私は厚めにスライスされたきゅうりの一片を取り出しました。そして人差し指の腹で死海にほんの少し触れ、その指をきゅうりに付けました。きゅうりをビニール袋に入れて揉み、食べてみたのです。塩辛いというより苦い、苦い上に痛い。涙一滴ほどの水に、ここまでの攻撃力があるとは。あわてて持っていたペットボトルの真水で口をゆすぎました。確かに野望は実現できましたが、世の中にははかなわなくていい願いもあることを痛感した次第です。

イエス・キリストは「あなたがたは地の塩である」と人々に教えました。「塩に塩気がなくなれば、その塩は何によって塩味が付けられよう」とも（マタイによる福音書5章13節）。イエスは、ご自分に倣って生きる人たちを、世界を、味わい深いものとし、腐敗をなくし清潔を保っていく「塩」の在り方にたとえたのでしょう。そして、あなたがたは代わりの効かない存在である、とも。私もこのイエスの言葉を大切にしています。あの濃すぎる塩分の衝撃を経験してから、よりいっそう。

「塩」であるということは、世界においてはごく少数者となることでもあります。料理を想像してみてください。私たちが味わってちょうどいいと思える塩の量は、ほんのちょっぴりだからです（何かを塩漬けにするなど、塩が大いに活躍する場面ももちろんありますが）。この世界にあって、確かに少数でしょう。自分の過ちを深く見つめ直せる人、すべての人が貴い存在であることを思い起こせる人、泣く人と共に泣き、喜ぶ人と共に喜べる人。祈りも愛も神さまも、たやすく忘れ去られるこの世界です。今に限ったことではありません。祈りよりも役に立ちそうなこと、神さまより頼りがいのありそうなこと、愛よりも確かそうなものは少なからずありますから。

濃い味付けの代表ともいえるラーメンのスープでさえ、塩分濃度は1.5パーセントほどなのだそうです。現在の日本では、キリスト教徒の割合は1パーセントに満たないそうです。やや減塩気味な、ヘルシーな味わいでしょうか。蛇足ながら、私が住んでいる町は、昔からお寺の力が強いところです。この町に住むキリスト教徒の割合が1パーセントよりもっと低いことは想像にかたくありません。それでも礼拝に集う人がいて、教会が生み出した幼稚園では毎朝礼拝をしているのです。

あなたの塩気は、自分の中にまだありますか。

おもてなし

ヨーロッパから来たお客様を京都にお招きした、ある人のお話です。

その人は考えました。「遠いところから京都へいらっしゃるのだ。日本式の旅館でくつろいでいただこう」と。そして、京都でも名高い旅館を予約しました。古都を旅する者ならば一度は泊まってみたい、歴史ある旅館です。

お客様を送ったあとに自宅へ帰ったその人は、翌朝、再びお迎えに行きました。そしてこう聞きました。「旅館はいかがでしたか？」歴史ある建物、おいしい料理、最高のもてなし。きっと、京都でしか味わえない、すばらしいひとときを過ごされたに違いない……彼はそう確信していたのです。しかし、ヨーロッパからのお客様から返ってきたのは予想もしない言葉。「私はちっとも、くつろげなかった」と、はっきり告げられたのでした。面食らったその人は、理由をおそるおそる尋ねました。すると、こんな答えが返ってきたのでした。

「なぜ、日本の旅館は、客をひとりきりにしてくれないのか」。そして、こう続けたのです。「自分は、ホテルの部屋へ入ったら、もうそこは自分だけの空間として、ひとりでゆっくり過ごしたいと思っている。けれども、旅館の仲居さんは、頼みもしないのに長々と説明をして一向に部屋を出て行かない。着替えたいから出てくれと言ったら、着替えを手伝おうとする。やっとひとりになれたと思ったら、食事の時間も仲居さんが付きっきりである。食後、読書をしていると布団を敷きに来て、集中できない。結局、寝るときと風呂とトイレしか、ひとりになる時間がなかった……」。

至れり尽くせりの、細やかなもてなしがあります。その一方で、何もかまわないでひとりの時間を大切にしていただくというもてなし方もあります。まったく違った方向の両者ですが、自分の宿に来た客を大事にもてなそうという心は一緒です。絶対的な正解はありません。

私たちは多様な価値観の中で生きています。その多様さは豊かさです。時に大きな試練を課されることも含めての、豊かさです。ひたむきさや真摯さは時にその熱さゆえ、争いや分裂を生じさせることを、私たちはよく知っています。どうしたら神さまが望む生き方が私たちにできるのか、どうしたら教会が教会らしくいられるのか。真摯かつ熱心な模索を、教会に集う人々は続けてきました。しかし、熱心さゆえに、違いが現れました。それも互いに赦《ゆる》し難い違いでした。多様さゆえの痛みと傷。私たちには、自分の真摯な熱意がかえって反感を呼ぶことがあります。逆に、誰かが通そうとする信念を自分が受け入れられないこともあります。

余談ですが、私が牧師として働いている教会のこと。私よりも30歳以上年上の人たちがほとんどです。自分の親よりも年上の人たちとひとつの共同体を運営していくのは楽しいけれど、時々途方に暮れもします。自分ひとりだけ価値観や世界観が違って悩む、ということがしばしばあるからです。年齢はどう努力しても超えることはできません。最近は私もずうずうしくなり、言いたいことはなるべく言うようにしています。お互い話してみて開ける道もあるのです。

世界に「教会」という共同体が現れたのは、およそ2000年も前のことでした。

新約聖書を読むと、教会に集う人たちが自らの想像を超えた多様な人々と価値観・課題にいかに出会っていったかを、垣間見ることができます。それゆえ、教会自体が戸惑い苦しむ姿も、聖書は隠すことなく私たちに見せるのです。しかし、その戸惑いや苦しみは、恵みでもありました。恵みとは、人の力では生み出せない、想像すらできない、神さまから人へのおくりもの。そして、恵みというものは、とても恵みとは思えない姿をしているものです。私たちには、恵みと知らずに排除したり回避したりしている事柄がいかに多いことか。

今、自分が到底受け入れられない人、考え方がまるで違う人。それはきっと、その人が自分と同じ志を大切に抱いているから。自分が学ぶべき部分を多く持っている人だから。自分と合わない人と関わらないのは簡単です。しかし、関わりをやめていく中で、最後に残るのはいったい何でしょうか。私も日々そのことを問われる身です。

「園長は今、刑務所におります」

留守中の私宛ての電話にそうやって対応してくれたのは、幼稚園の若い職員です。先方は、それを聞いて絶句したそうです。何かの営業の電話でしたが、それから一回もかかってきません。職員はいい仕事をしてくれました。

確かに私はそのとき刑務所にいました。ただし「教誨師《きょうかいし》」としてです。教誨師とは、刑務所や少年院、拘置所などへ赴いて、収容されている人たちにお話をしたり面談をしたりする人のことで、宗教者を指す場合が多いです。牧師であっても教誨師を経験することはあまりないと聞きます。ましてや女性用の施設は数が限られるので、女性の牧師が教誨師になる機会はさらに少ないのです。私の場合、住んでいる地域に偶然女子刑務所があり、たまたま空きが出たために話が回ってきた次第です。いいかげんな人間の代名詞である私がそんな働きに加わってよいのだろうかとずいぶん悩みましたが、貴重な経験と思い、引き受けました。私の場合はプロテスタントの牧師なので、「プロテスタントの時間」を月に1回担当し、集まった被収容者の方々と1時間ほどの時間を過ごします（「集合教誨」といいます）。賛美歌を歌ったりお話をしたり。時間はあっという間に過ぎてしまいます。

変な話ですが、刑務所へ行くのは私の息抜きでもあるのです。もちろん厳かに臨まなければならない現場ではあります。しかし、教会と幼稚園から離れた場所へ移動する道のりが、あるいは刑務所の中に美しく咲く季節の花々が、自分の心を和ませてくれます。しかも刑務所では、時々お買い物も楽しめるのです。全国各地の刑務所で作られた刑務作業品を扱うお店が、刑務所の塀の外の一角にあります。北海道の刑務所で作られたワークエプロンや東京の刑務所で作られたペンケースなど、私の愛用品にはそこで買ったものも少なくありません。

珍しいところでは、和凧《わだこ》でしょうか。もっぱら観賞用です。和紙いっぱいに、鶴ではなくトキが翼を広げている様子が描かれた、珍しい作品です。新潟の刑務所で、刺青《いれずみ》の彫り師であった被収容者の方が絵を描かれたのだとか。鮮やかで華やかな逸品です。自分も教誨師として刑務所でつたない奉仕をする身ですが、そうやって豊かな時間を過ごさせてもらっています。ありがたいことです。

牧師には、自分のいる教会の他にも責任ある仕事を持っている人が少なくありません。いくつもの教会を兼務している牧師、幼稚園や保育園などの幼児施設の責任者をしている牧師、学校へ教えに行っている牧師（「宗教」や「聖書」などの科目が多いです）……他にも、さまざまな仕事と掛け持ちしている人も多いのです。いったい皆さん、いつ休んでいるのですか？

牧師の先輩は、自分が入院したら信徒さんたちがひっきりなしにお見舞いに来てそれぞれが長い時間話し続けるので、やむなく面会謝絶にしたと苦笑いしていました。これは牧師に限りません。子育て中の方、仕事を持っておられる方……休む時間が必要な人ほど、365日24時間営業。そして、周りの人もそのことを不思議に思わないのです。多くの人が、休みづらい社会の中に生きています。「東京の美しい夜景は、人々の残業でできている」って、昔誰かが言っていたのを思い出します。

神さまだって、世界をおつくりになったあと休まれたのです。私たちは人間なのですから、なおさらです。

イエスさまは大勢の人々と共に過ごすこともよくありましたが、時折、人目を避けるようにして、ひとりきりになって祈っておられたようです。わずかな時間であったでしょうが、それはイエスさまにとっては、とても大切な時であったように思います。

社会的な役割や人からの期待、生きているうえで抱えざるを得ない重荷。それらをすべて下ろして、神さまとただ一緒にいる。かけがえのない時間です。私にとってはちょっとした移動の時間が息抜きの時。新鮮な空気で一服。刑務所に行くときは、お気に入りのチョコレートとコーヒーをドライブのお供にして出かけます。春は沿道にあるルピナスの花畑が楽しみで、ちょっと遠回りすると大きな古墳をいくつも眺められるおもしろい道にも出ます。息抜きという言葉ながら、神さまから再びいのちの息を吹き込んでもらえる時間です。

蛇

蛇はお好きですか。

蛇は人間の歴史の中で、どういうわけか嫌われることが多い動物です。ユニークでクールで美しい一面は、あまり注目してもらえません。蛇は古い建物にいて、ネズミや他の困った動物を退治してくれもします。神社などでは大切に祀《まつ》られることもあります。なのに、見た目であるとか、毒があるとかで、あまり好かれていないことも確かです。

旧約聖書の創世記3章に、「蛇はどうして人間から嫌われるようになったのか」、その理由が書かれています。それは、神さまが命じた絶対的な掟を人間に破るようにそそのかしたからだといいます。神さまがつくられたエデンの園《その》での出来事です。絶対に食べてはいけないと神さまから言われていた、知恵の木の実。それを、蛇はエバに食べてみてはどうかと誘いかけ、エバは食べてしまいます。そしてエバはパートナーであるアダムに食べるよう促して、彼も食べてしまいます。果実はいったいどのような味がしたのでしょうか。

さて、実を食べて２人が初めに知ったことは、自分が裸であるということ。しかもそれが恥ずかしいということ。たったそれだけです。彼らの頭と心を占めたのはあらゆる知識でも奥義でもなく、自分がただ裸であるということ。もっとも、人が何ひとつ持たない存在であることは、確かに究極の知識であり奥義でもあります。しかし、それを知って程なく、彼らは楽園を追い出されてしまうのです。そして神さまは蛇をも懲らしめます。人間に未来永劫《えいごう》嫌われる存在としたのでした。

しかし、あるときこの物語を読んでいて、私は今更ながら気づきました。実を食べるようにそそのかしているのは、蛇だけではないのです。なんと、木そのものも、エバをそそのかしているのです。繰り返しますが、蛇だけではないのです。「女が見ると、その木はいかにもおいしそうで、目を引き付け、賢くなるように唆《そそのか》していた」（創世記３章６節）と。それなのに、この木は神さまによって切り倒されることもなく、楽園から追い出されるわけでもありません。人間から忌み嫌われて迫害されるように、神さまから懲らしめられたわけでもありません。今もエデンの園があるとしたら、この木はまだ素知らぬ顔で、その葉っぱを涼しげにそよがせているのでしょうか。「人間をそそのかしたのは蛇」とだけ見ていたら、気づきにくい、木の存在感。私たちは誰でも、何かしらの思い込みがあります。しかし思い込んでいる物事は、自分自身では気づきにくいのです。私も以前、ある子どもに対して、ひどい思い込みをしてしまいました。

しばらく前、私が園長をしている幼稚園で、子どもたちと誕生会のゲームをしたことがあります。「ピニャータ」という遊びです。派手に装飾された、くす玉みたいな紙袋。袋の中にはお菓子や軽いおもちゃがたくさん詰まっています。その袋を天井から吊るし、みんなで順番に、棒で紙袋をたたきます。やがて袋が破れてこぼれてきた中身を、みんなで取り合うゲームです。

私はみんながピニャータに興じる様子を、カメラで動画に収めていました。すると、ある子がお菓子を、他の子どもから拾い上げるような動作を見せていました。

他の子どもと食べ物やおもちゃをめぐってのトラブルが絶えない子でした。その子の様子をレンズ越しに見て、私は正直、勘ぐってしまいました。「みんなのお菓子を取っているのかな？」「やっぱり」そんな思いを抱いてしまいました。

しかし、私が本当にびっくりしたのはその日の終わりでした。その動画をチェックしていたときです。なんとその子は、自分が拾ったお菓子を両手に抱え、他の子にあげていたのでした。1つずつ、あっちの子にも、こっちの子にも。彼の拾った量も決して多くはなかったのに。私はそのとき、本当に恥ずかしくなりました。しかもその日、その子以外に、誰かにお菓子を分けていた子はいなかったのです。

翌日、幼稚園に来たその子に、私は謝りました。その子はいつもの無愛想な顔で「何のこと？」と言って、庭の池にメダカを見に行ってしまいました。

第3章

あきのゆうべ

迷いという名の道

ピアノ

小学生から高校生まで続けていたピアノを、数年前からもう一度習いはじめました。なんと20年ぶりです。刑務所の教誨師《きょうかいし》として活動するようになり、ピアノを弾くことが必要になったのです（教誨師については54ページをご参照ください）。刑務所でのプログラムでは歌を何曲も歌いますから。まずひとつは、そういう実用的な理由。

「でもせっかく習うのなら、ドビュッシーの『月の光』を弾けるようになりたい！」それがもうひとつの理由。鍵盤の前に座る日々が再び始まりました。

『月の光』、ご存じですか。「こんなきれいな音、私が出してもいいの？」とドキドキするくらい、すべてが美しい曲。そして、難しい……。ピアニストが軽々と演奏しているように聞こえる曲ほど、実はものすごく弾きにくいのだと実感。蛇足ですが、この『月の光』、もともとは『感傷的な散歩道』という題名だったのだそうです。喜びも悲しみも、光も陰も、自分の歩みの一部。そんな思いを込めて演奏するのも、ひとつの表現です。

「うん、ヘタになってきたね」

練習を進めていたある日のこと。私の演奏をじっと聴いていた先生は、突然そんなことをおっしゃいました。しかも、うれしそう。ヘタになってきたねとうれしそうに言われて戸惑う私に、先生は教えてくださいました。人の成長とは興味深いもので、ずっと伸び続けてばかりいくものではないのだそう。「ヘタになる」のは、意外にも練習をたくさん積んだしるしなのです。一度ヘタになったところで初心に帰り、もう一度丁寧に練習すると、上達していくのだそうです。言い換えれば、練習を重ねないと、この「ヘタ」はやってこないのです。「ヘタ」がホメ言葉であり成長を表す言葉であったのは新鮮でした。

私は小学校1年生から高校3年生までピアノを続けていました。しかし、この「ヘタ」は経験したことがありませんでした。高校生のときに自分が感じていた「弾けた」は、思えば中途半端な地点で終わっていたのでしょう。歳を重ねてからの習い事は、新しい発見と奥深さで満ちています。高校の制服に身を包んでいたときには気づけなかったことばかりで、実に楽しいです。また、意地汚い話ですが、自分で月謝を払っている分、練習しないともったいないと思えるようにもなりました。

「何事にも時があり　天の下の出来事にはすべて定められた時がある」。旧約聖書の書物「コヘレトの言葉」からの言葉です（3章1節）。「生まれる時、死ぬ時　植える時、植えたものを抜く時……」と続き、さまざまな「時」の姿が並びます。一見それらは正反対の事柄が並べられているようですが、実はお互いがあってこそ。両者は深くつながっているのです。「上達する時、下手になる時」とは聖書に記されていないけれど、それも間違いなく、「定められた時」のひとつ。

ピアノに限らず、私たちもどこかで「ヘタになる」時があります。仕事、人との関係、自分との付き合い方、生きることそのもの。でもそれは、自分を深く見つめる時、静かに祈る時。そうして、生きることを丁寧にやり直していけばいいのです。何度でも、何度でも。

さて、ピアノ上達の極意「一度ヘタになるまで練習する」ことを教わった私は、やがて『月の光』の楽譜に赤ペンでマルをいただきました。何度か刑務所での教誨の時間に弾かせてもらいました。この曲、実は東京のある大きな駅で、夜になると流れているのです。ほんのかすかな音ですが。有名な曲ですから、この駅以外でも聞く機会は多いでしょう。もし刑務所の中でこの曲を聞いた方が社会で再出発をするとき、この曲を耳にしたら思い出してほしいと思ったのです。自分は独りではないこと、応援している人たちがいること、刑務所での経験は決して無駄ではないということを。

熱い思いを込めた『月の光』から一旦卒業し、私は間もなく新しい曲に取りかかりました。すると私は、練習を進めながらこう思うようになったのです。「よしよし、これはヘタになってきたに違いない、きっと上達しているんだ」と。そして、そういうときほど、先生は私の達観をおごりであると見抜き、頑としてあのほめ言葉をくださらないのです。かくして私は己の安直さを悔い、感傷的な帰途につくのでした。曖昧《あいまい》な表情を見せる、雲越しの月の光。

電車

社会人になりたてのころ、私は東京の郊外で暮らしていました。

東京を走る電車は本数が多いから不自由しないだろうと、暮らしはじめたときに私は思っていました。しかし、それは間違いでした。鉄道を利用すると、頻繁に電光掲示板に光る「人身事故」の文字が目に飛び込んでくるのです。そして運転見合わせ。

鉄道における人身事故とは、正式には「鉄道人身障害事故」といいます。列車の運転により人の死傷を伴う事故のことです。「事故」とはいいますが、列車によって自らいのちを絶つ人も決して少なくはありません。最初はその多さに驚いていた自分も、慣れてくると恐ろしいものです。「またか」くらいにしか感じなくなってきました。終電で人身事故があったときなど、自宅の最寄駅から数駅手前で運転見合わせになってしまいました。私はそこから、タクシーで７０００円以上かけて帰らなければなりませんでした。自戒しつつも、多少腹立たしい気持ちになって、さらに自己嫌悪。人身事故は誰も幸せになれません。轟然《ごうぜん》と特急列車が自分の前を通過するたび、ここに飛び込むなんてできないと私は思いました。でも、死しか自分の逃げ場所がなくなった人たちが、この続く線路の向こうにいるのは事実だったのです。今だって、きっと。

夏休みが終わりを迎えるころ、図書館をはじめとする公共施設が「学校に行きたくなかったら、ここにおいで」と、子どもたちに呼びかけているのをご覧になったことはありますか。いろんな団体が盛んに呼びかけています。あなたの逃げ場・居場所はここにあるよ、と。公共施設だけでなく、お寺や教会も子どもたちの逃げ場を提供するところは少なからずあります。心が追い詰められたとき、逃げて自分のいのちを大事にできる場があるのは、誰にとっても欠かせないことだと、いつもこの季節に思います。

いにしえのイスラエルには「逃れの町」と呼ばれる町がいくつかあったといわれ

ています。旧約聖書のヨシュア記には「意図してでなく、過って人を殺した者がそこに逃げ込める」場所であると書かれています（20章3節）。殺そうと思っていたわけではないのに誰かを殺してしまった人がいたならば、その人は「逃れの町」に逃げ込むことができます。町の入り口では長老と呼ばれる指導者が幾人かいました。はからずも殺害者となってしまった者は、彼らに事情を説明しなければなりませんでした。時には意図して人を殺《あや》めた者もいたでしょうから、長老らは逃げ込んできた者を見極める必要がありました。事情を話して受け入れられた者は町に居場所が与えられました。被害者の家族などが復讐をしにやってきても、町は逃げ込んだ者をその人たちに引き渡さなかったのです。逃げ込んだ者は、定められた時間を「逃れの町」で過ごしたのでした。そして時がたてば、もといた場所に戻ることができたのです。

それは私たちの想像を超えた世界です。けれども、「逃げる」ことが社会の大切な機能として備わっていたのは興味深いことだと私は思います。「逃れの町」に逃げ込んだ者たちにとって、偶然にしろ誰かを殺めてしまったことは取り返しがつかないこと。途方に暮れたことでしょう。どこにもいられなくなるようなことをしてしまった自分。聖書の中で神さまが人に、逃げ込める場所を作るようにお命じになっていることは、見方を変えれば社会はそのような人に居場所をたやすくは与えないということでもあります。

意図しない殺人に限らず、実際私たち自身にも、自分ではどうしようもない出来事は大なり小なり生じるものです。人間関係による惨事から自然災害に至るまで。現実というものは、それほど予想し難いものであり、重いものです。自分の人生なのに、自分で背負いきれないものは確かにあるのです。それは自分が弱すぎるからでも怠惰だからでもありません。

自分の置かれた現実に、自分が持ちうるかぎりの力をもってしっかり向き合うこともひとつの在り方でしょう。けれども、「逃げる」ことも、立派で尊い選択肢です。「逃げる」ことは、神さまに自分の人生を一旦全部預けることでもあるのです。

どんぐり

昼下がりの眠気を吹き飛ばしたのは、幼稚園の庭で子どもたちが祈る声でした。「イエスさまのお名前によっておささげします、アーメン」と、お祈りを締めくくる言葉を叫んでいます。イエスさまを「デスさま」「ゲスさま」だと思っていた子どもたちも、ようやく「イエスさま」と認識したようです。蛇足ですが、幼稚園の通園路上にある仏具屋さんの観音菩薩像を「イエスさま」と言い出す子もいるので説明に困ります。それにしても、大きなお祈りの声。教会に来ている大人よりも、ずっとずっと大きな声です。いったいみんな、どうしちゃったの？　礼拝のときにおしゃべりしている子も、今は真剣そのもの。

きしむ椅子から立ち上がり、私はテラスに出て園庭を眺めました。雲梯《うんてい》の横で、数人の子どもが輪になっています。みんな目を閉じて、胸のあたりで手を組んで。

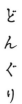

そして、大声で何度も何度も祈るのです。「どんぐりが育ちますように！」って。

私はそっと近づきました。彼らの足元には、盛り上がった砂地。そこにどんぐりが埋まっています。何粒かが砂の上に頭を見せています。私に気づいた子どもたちは、これがいかに大切な「どんぐりのおうち」であるかを力説しました。そして「園長先生もお祈りしてよ」とせがみました。さて、乾ききった砂と小石だらけの園庭から、どうやってどんぐりは芽を出すのだろう……。

イエス・キリストは「種を蒔く人のたとえ」というお話を、福音書の中で語っています。そこに「石地に落ちた種」が出てきます。「芽は出たが、水気がないので枯れてしまった」と続きます（ルカによる福音書８章６節）。石地に落ちた種にたとえられるのは、御言葉（神さまの言葉）を「喜んで受け入れるが、根がないので、しばらくは信じても、試練に遭うと身を引いてしまう人たち」なのだそうです（同13節）。砂から頭を出したどんぐりを見たとき、私の思いは正直こうでした。「どうせ育たない。それに、すぐ忘れられるだろう」。

でもしかし、と一呼吸。私にはどんぐりを「埋めた」ようにしか見えなくても、子どもたちにとっては「植えた」のです。私にはむなしい末路しか思い浮かばなくても、子どもたちの心は豊かに茂るどんぐりの木を夢見ているのです。ああ、私は今まさに「試練に遭うと身を引いてしまう人」そのもの。

そして、祈りました。年に一度あるかないかの気迫で。そしてなんと、祈りながら思い出したのです。幼稚園の別の場所に花を植えたときの園芸用の土。あれはまだたくさん残っていたはず、と。

「園長先生ね、どんぐりにたくさんごちそうをしたいんだ。どう?」子どもたちの笑顔がはじけました。みんなが力を合わせ、園芸用の土が入った重たい袋と腐葉土を運んでくれました。土のそばにあったレンガも、ついでにいくつか持っていきました。何人かの子どもは、そこでダンゴムシを見つけて夢中になり離脱しました。

なおどんぐりへの熱い志を持った子どもたちと大人で作業を続けます。深さのある花壇を作りました。そして子どもたちはどんぐりを砂地から土に移し替え、じょうろで水もあげました。ダンゴムシを捕っていた子どもたちも戻ってきて、丸まったままの10匹以上をそこに解き放ちました。「これでどんぐりも寂しくないから」と。

最後は賛美歌まで歌ってくれました。

何気ない幼稚園での一風景です。でも、私にとっては豊かな経験でした。園児のお祈りを聞いて、「自分に何ができるかな」と自分も祈り、ひとつのアイディアが生まれ、みんなで心豊かな時間を過ごせたのです。神さまは、確かに私たちのお祈りを聞いてくださったのです。砂だらけの園庭の一角を、栄養豊かな良い土地に変えてくださったのです。私たちは神さまにひたすら祈る身ですが、おもしろいことに、こうやって時々、神さまの耳の一部になってもいるのです。

あれから数カ月。幼稚園の園庭に雪が降りました。「あっ、どんぐりが雪に埋まった！」と、登園してきた子どもたちが駆け出していきました。

閉店

行き交う人たちがコロナ禍で皆マスクを着けていたころのこと。

新宿の界隈を歩いていたときです。街中の、一軒の文房具屋に目が留まりました。こんなことをお話するのは少し気恥ずかしいのですが、私は文房具屋さんの匂いが好きです。このお店も、中に入ったならきっと、鉛筆やインク、消しゴムや紙のまじったようなあのいい匂いがふわっとするのだろうな、そう思わされる昔ながらのたたずまい。

しかし、私の目を引きつけたのは、そうした穏やかさとはかけ離れた場面でした。雑踏の中、その店を見つめて立ちつくす人がいたのです。そして、ワークエプロンを着けた彼は突如、叫びました。絶叫です。あらん限りの力で、吠えるように。店に向かって何度も何度も。通行人は一様に、怪訝《けげん》そうな表情を浮かべます。

私は気になって店のそばへ近づきました。するとその人は窓に1枚の紙を、叩きつけるように貼り出しました。太いマジックで殴り書きされた、本日限りで閉店の旨。やむを得ないその事情も。店の扉の前に座り込んだ彼は、笑いとも慟哭《どうこく》ともつかぬ声を上げていました。私はその人に声をかけたかった……。でも、しばらく立ち止まって、貼り紙を眺めるのが精いっぱいでした。店を自分の代で終えたくはなかった、その気持ちが私の心に刺さるようでした。長年続いたものを自らの手で閉じねばならないのです。

私は、この人の叫びを決して他人事にはできませんでした。私が今の教会と幼稚園に赴任した年の4月、市内にある幼稚園の園長会に私は初めて出席しました。そこに近隣のお寺の幼稚園から来た園長先生がおられました。初めてお会いするその人は、皆に向かってあいさつをしたのです。「長い間ありがとうございました」と。長く続けてきたその幼稚園が閉園したのでした。初対面の場は、その先生にとっての、園長としての最後のごあいさつだったのです。

店であれ何であれ、始める人がいれば続ける人もおり、働きを閉じる人もいます。

いずれもが大切な役割です。始めるときの苦労があり、先人から受け継いで続けていくことも大変。そして長年続いてきたものを終える役割は、時に絶望的な重さを伴います。伝統の灯が消える寂しさ、失望のまなざしや残念だという声が向けられる痛み。年月を超えて紡いできた歴史に終止符を打つ決断をした人は、決して少なくないでしょう。この不安定で厳しい時代に、私たちは生きているのですから。

私自身、不安でたまらなくなるときがあります。一度考えはじめたら、夜も眠れなくなってしまうときだってあります。こわいのです。私は牧師として、教会と幼稚園との責任を担っています。地方の小さな教会と、町で一番小さな幼稚園。どちらも長年、多くの祈りと労苦によって続けられてきました。「神さま、必要な力と知恵とを私に貸してください」と祈らぬ日はありません。

生まれつき目の見えない人に出会ったときの、イエス・キリストの言葉を思い起こします。「神の業がこの人に現れるためである」（ヨハネによる福音書9章3節）。この時代、望まざる重荷を人知れず負う者がいかに多いことでしょうか。今も、立ち尽くし、叫び、うずくまる人がいます。私は毎日祈らずにはいられません。「どんな出来事も、神さま、あなたの業が現れるためのものだと信じます」と。

歴史ある大聖堂が、世界的に知られるスペインのサンティアゴ・デ・コンポステーラへの巡礼路の終着地に立てられています。そこには、「A」（アルファ）と「Ω」（オメガ）の文字がレリーフとなって掲げられています。ギリシャ語のアルファベットでは、一番始まりの文字がA、最後の文字がΩなのです。新約聖書の最後に収められた書物「ヨハネの黙示録」に記されたイエス・キリストの言葉「わたしはアルファであり、オメガである」（22章13節）にちなんだものです。さまざまな捉え方がありますが、「始まりであり、終わりである」と考えてもいいでしょう。この2文字を用いたモノグラムは、キリスト教では広く知られています。たいていはAの次にΩを配置するのですが、その大聖堂のレリーフはΩが先、Aが後なのです。はるか彼方から長旅をしてきた巡礼者たちに、ΩとAのレリーフは示します。「終わりはまた始まりでもある」と。

あの文房具屋の店主さん、今どうしておられるだろう。まったくの他人だし、言葉も交わさなかったけれど、私はあなたのこと、忘れませんよ。

やきとり

教会は、近隣の方々にとっては謎なスポットでもあります。どんな人たちが何のために集まっているのか？　説教とやらがやたら長そうだが、みんな寝ずに聞いているのか？　行くと楽しいのか？　教会は誰が行ってもいいところなので、関心がある方は、ぜひ足を運んでみてください。とはいえ、未知の世界はなかなか敷居が高いと思われるかもしれません。でも、教会によっては地域の皆さんも気軽に入れる行事があります。バザーもそのひとつ。おいしいものや丁寧に作られた手芸品、お得な雑貨などが一日限りのお店に並びます。収益は教会の維持や、福祉や平和のための寄付に用いられることが多いです。

お客さんも楽しい一日ですが、バザーはお店を開く側の教会のメンバーにとっても実り多いものです。お店を出すのはたった数時間。その数時間のために、たくさんの準備を重ねます。寄付された品の値段付けをしたり、たくさんのパウンドケーキを焼いたり。いざこざも少なからずありますが、バザーをきっかけにいろんな人と仲良くなれるのはうれしいことです。教会の長老のおばあちゃんがお店番をするのを、小学生たちがあれこれとお手伝いをしている様子など、見ているだけで温かな気持ちになります。

さて、ずいぶん前のこと。私はある教会のバザーを手伝いに行きました。教会に着くなり、そこの牧師にやきとり屋を任されました。「炭とＢＢＱ《バーベキュー》コンロはそこにあるからさ」と、うちわと軍手を渡されました。やきとりは教会バザー界の花形です。どこの教会も、やきとりのコーナーには長蛇の列ができるのです。それだけ責任重大なポジション。なのに、任せ方があまりに適当です。なんでもやきとりの係だった人が、当日急に休んでしまったのだとか。まあ、教会のこういう適当すぎるところ、私は嫌いではありません。自分自身もだいぶ適当な人間ですから。

まだ凍ったままのモモ串３００本を取り出すところから作業開始。凍った肉はアルミの鍋かフライパンで挟み、上の鍋・フライパンにぬるま湯を入れると早く解凍できるのだと、そこの牧師に教えてもらいました。すでに鍋もフライパンも別の出店に出払っていたので、棚はからっぽ。本当にただ教えてもらっただけでした。

さて、ひとりで開店準備をしていると、声をかけてくださる方がいらっしゃいました。やはり適当に渡されたとおぼしき新品の軍手を手に提げていらっしゃいました。その方は私に「もしよろしければ、やり方を教えてくださいませんか」と声をかけて来ました。お手伝いをしてくださるというのです。私は喜んで、その方に火のおこし方とやきとりの焼き方を教えました。櫛目《くしめ》の通った白髪と穏やかな話し方、そして手際の良さが印象的でした。

バザーの終盤、その教会の牧師がようやくやきとりを買いに来ました。私は小声で尋ねました。「あの人はどういう方なのですか」。牧師は答えました。「彼はうなぎ屋の主人だよ」。私は震え上がりました。こっそりインターネットで調べると、その地域ではかなり有名な老舗でした。ああ、うなぎ屋といえば炭火。プロ中のプロに、ど素人の私が炭火のおこし方を教えていたのです。なんということでしょう。孔子に論語、モーセに十戒。穴があったら入りたい。魚がいたら呑《の》まれたい。しかし、戦慄する私の傍らで、その方は楽しそうにやきとりを焼いておられたのです。３００本はあっという間に売れてしまいました。買った人はみんな、おいしそうにやきとりを食べていました。

うなぎ屋のご主人とは、それきり会うことはありませんでした。けれども、今でもよく覚えています。あの方は、未熟な若輩者が教えることにも耳を傾けて、一緒に楽しく仕事をしてくださいました。「そんなやり方じゃあダメだ」「お前はまったくわかっていない」と頭ごなしに否定することなく、一緒に働いて楽しむことを優先してくださいました。それだけで、私はとてもうれしかったのです。

今、私は教会だけでなく、教会から生まれた幼稚園でも園長として働いています。スタッフはみんな、自分より圧倒的に若かったり、多様な職歴を持っていたり。時にはぶつかり合い、けれども一緒に課題を乗り越えもします。そうした中にいるとき、神さまはいつもあの方の背中を思い出させてくれます。

明日

ヨーロッパに古くから建つ聖堂の中には、礼拝堂のどこかが納骨室だったり、床が墓石になっていたりするところがあります。礼拝堂は天にある者も地に生きる者も、共に礼拝をする場所だという考えがあるからです。亡くなってもお別れしたのではなく、新しいかたちで、みんな一緒に生きています。教会で葬儀があるとき、私は「遺族」ではなく「家族」という言葉を使うようにしています。「ご遺族の皆さん」ではなく「ご家族の皆さん」と。ことさら強調して使ってはいません。でも、ある方が気づいてくださって、「そうか、亡くなっても、私たちは家族なんですね」とおっしゃってくださいました。うれしいことです。

牧師を目指して勉強する神学生だったときのこと。牧師になるためには、人の心に深く関わるための専門的な勉強が必要です。その中に臨床牧会《ぼっかい》訓練といわれる研修があり、病院に入院なさっている方を実際にお訪ねします。座学も交えつつ、傾聴やカウンセリングについて実際に体験しながら学びます。自分自身を鋭く問われる、大変厳しい時間でもありました。ひとりの人を前にして言葉を失う自分、深く聴いているふりをして実はその重さから逃げている自分……。自分の弱さやずるさが、その都度、心に刺さるのです。でも、得難い時でした。人ひとりの「生きる」にきちんと向き合うことの重みや、模範解答のなさ。それらに圧倒されるしかないあの経験。

その臨床牧会訓練の場で、ある先生がこんな話をしてくださいました。アメリカのある病院で、ひとりの患者さんが亡くなったときのこと。患者さんはメキシコから来て、長年労働者として生きてきた人です。身寄りはありませんでした。だから、その人が入院してから亡くなるまで、そこで訓練を受けていたひとりの神学生がずっと彼のそばにいました。そして、その人の話に耳を傾けていました。

患者さんが亡くなったとき、神学生は無力感の中で途方に暮れていました。「あの人が息を引き取るとき、自分はろくなことが言えなかった、ただオロオロしていただけだった」と神学生は嘆きました。その言葉を聞いていた訓練の指導者であった牧師は、神学生に尋ねました。「君は、その人に、最後何て言ったの？」学生は答えました。「See you tomorrow《シーユートゥモロー》」（また明日）。すると、それを聞いた牧師はこう言ったのです。「たいていの人にとっては、tomorrow は単なる翌日だ。けれども、神を信じる人にとってのtomorrow（明日）は、永遠の明日。神さまのもとで再び会う日のことだ。君は、信仰を持つ者として、その人に最後まで寄り添ったのだ」。

　イエス・キリストは教えてくださいました。「はっきり言っておく。一粒の麦は、地に落ちて死ななければ、一粒のままである。だが、死ねば、多くの実を結ぶ」（ヨハネによる福音書12章24節）。「一粒の麦は、死んで、多くの実を結ぶ」。イエスが語られた、たったそれだけの言葉の中に、実に、驚くほど深い世界があります。「死ぬ」のあとには、「実を結ぶ」という、動きのある言葉が続くのです。これはすごいことです。死んだら終わり、ではありません。「実を結ぶ、のかもしれない」でもありません。多くの実を結ぶのだと、イエスは断言しておられます。死というものの向こうに、むしろ死の前よりもいっそう豊かに息づくいのちがあるのです。

臨床牧会訓練を受けていたのと同じころ、神学生として学んでいた教会で、ある教会員さんをお見舞いする機会がありました。その方はホスピスにおられました。料理の得意な方で、イースターやクリスマスには、おいしいお菓子をたくさん作ってきてくださっていたそうです。その方が、お豆腐ひとかけらさえも、痛みで口に入れられなくなりました。その方が差し出した手を黙って握るしかない私。「クッキーをね、粉にするの」。その方が細い声で話しかけてくださいました。ご家族が差し入れた、大好物のクッキーです。

彼女は続けます。「その粉を、少しだけ、舌に乗せるの。そうすると、こんな細かい粉の一粒一粒に、おいしいもとがギュッと詰まっているの。そのことが大きな発見。すごいでしょ」。その言葉が私に向けてくれた最後のものでした。私に永遠のtomorrowを示してくださったのは、その方でした。私は今も思い出すたび、そっと「See you tomorrow」とつぶやいてみるのです。やっぱり少し寂しいのは、その人が私と共にいてくれたことの、れっきとした証し。

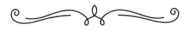

第4章

ふゆの夜

憂いという名の窓

みかん

最近まで、自分でみかんを買ったことがありませんでした。ある日、どうしても食べたくなり、スーパーマーケットへ車を走らせました。きれいに並べられたみかんの値段、そして網袋に入った個数の少なさ。思わずのけぞりました。みかんがこんなに高級フルーツだったとは！

私はみかんの特産地で生まれました。冬のおやつは毎日みかんでした。食べすぎて、指先が特有の黄色みを帯びていました。冬になると家の冷たい場所にみかん箱が置いてあり、家族めいめいが好き勝手に食べるのです。減った分だけ、いつのまにか補充されていました。親戚の家から来た酸っぱめのみかんだったけれど、おいしかったなあ。そのような生活をしていたため、触っただけで良いみかんかどうかがわかります。

あまり教えたくはありませんが、私のやり方はこうです。まず、みかんをそっと持ち上げます。そしてすべての指の腹で触ってみるのです。ずっしりと水気を感じたら期待していいです。大きくて皮につやがあっても、大きさの割に軽かったりフカフカしたりするのはあまりおすすめしません。逆に、小さくてしなびていても、汁気のある重みを指に感じたら的中率大。

あるとき友人宅で、４人でみかんを食べていました。そのうち、私ともう２人はみかんの名産地出身。そして、もうひとりは特にみかんと関係ない土地の人でした。４人はこたつを囲み、３人の実家から送られてきたみかんを卓上いっぱいに広げました。そして、たわいもないことをしゃべりながらひたすら食したのです。部屋に満ちていた、はじけるような果実の香り。

このとき、みかんの産地から来た3人は、ズルいことをしていました。こっそり、おいしいみかんを選別していたのです。こたつを囲んで後輩の失敗談にけらけら笑っていますが、それは仮の姿。目は笑っていません。それぞれの指先は、高品質なみかんを探り当てる精密なセンサーと化しています。そして、イマイチとみなしたみかんは、さりげなく、もうひとりの友達の近くへ寄せておいたのです。みかんにこだわりのないその友達は、自分の近くにあるものを「うまい」と言いながら食べていたのです。あのときはごめんね。実際はどれもおいしかったはずです。それぞれの家族が送ってきてくれたみかんだもの。

誰でも経験や知識によって、その場にある一番好ましいものを選ぶことはできます。その在り方はしかし、大切なことを置き去りにしてしまうことがあります。そもそも、みかんはみかんとして存在するだけですばらしいのです。いい香りがしておいしいのです。

これはみかんだけでなく、人についてもそうでしょう。これを読んでいるあなたはもちろん、すべての人が「あなたはあなたでいるだけで喜ばしく、貴い」のです。いきなりみかんの話のあとで、人間の話になり、唐突に思われるかもしれません。でも、時に、人をみかん以上に念を入れて探っているのは私だけではないはず。自分に役立つ人か、めんどくさくない人か、と。それはかならずしも悪いことではありません。仕事や生活で自分を守るために必要なこともあります。ただ、人の持ち味というものは、常に自分の想像以上なのです。

普段私は牧師として教会にいます。教会というのはおもしろいところです。教会に初めて来る方は時々こうおっしゃいます。「いろんな人がいるんですね」。あらゆる印象が集約された、見事な感想です。そのとおりです。人格が優れた人だけが集うと思ったらとんでもない。イエスさまの弟子たちがきわめてありふれた人間であったように、クリスチャンだって見栄え良い存在なんかではありません。そして、教会に集った人たちは、全員が全員と仲が良いわけでもありません。でも一緒に聖書を読んだりお祈りしたり、ランチパーティーさえもしているのです。

なぜかよくわからないけれど一緒にいる、不思議な集い。「神さま、あなたはよくもこんな個性たっぷりの人たちを教会に集めましたね」と、私はいつも思います。そして、人の意外な部分が教会に欠かせないことにも気づくのです。あの人の頑固さが、あの人の細かさが、あの人のうるささが、教会のたからものであることに。そういう中で過ごしていて、何をもって人の良し悪しとするか、私はますますわからなくなってくるのです。

のりまき

「細いのりまきはダメよ。だって入れ歯じゃ噛《か》み切りづらいもの」

「そんなこといったら、太巻きだってダメ。具が多いから崩れるでしょう。お年寄りには食べづらいわ」「あなただってお年寄りじゃない」「なによ」

教会の古びた黒板には、かすり傷のような文字……「太巻」そして「細巻」。時計は、もはや昼下がりとは呼べない時間を指していました。昼食休憩をはさんで、かれこれ2時間も、私はこの2つの言葉を眺めていました。終わらないのです、決まらないのです。どちらをクリスマスのごちそうにするか。教会にはお年寄り以外の人たちもいますが、「入れ歯でも食べやすいもの」が前提なのです。唐揚げ、食べたいいな。

私はこの平均年齢75歳の女性の会に同席こそしていましたが、若輩者ごときに発言権はありません。でもそのときは、「先生はどちらがいいですか」と珍しく聞いてもらえました。「太いのも細いのも、両方出せばいいと思いまーす」とほがらかに答えました。すると、「そんな大変なことできません、センセイはやっぱり何もわかっていない！」神さま、入れ歯で噛み切れるかどうかはどうでもいいです。唐揚げが食べたいです。

そこからしばしの時を経て、ようやく話がまとまりました。太巻き？　細巻き？　いいえ、サンドイッチです。「バゲット？　噛み切りづらいからダメよ」「食パンはお年寄りには……」。第2ラウンドが始まりました。

なんという無駄な時間だと、正直、当時の私は思いました。心から。でも、こういう遠回りが案外必要なのだと、あとになってからわかってきました。肝心なのは「みんなで決めた」ということなのです。無駄と思える時間も一緒に過ごして、言いたいことを言い合って、でも自分たちで決めたからにはしっかりやって。そして、クリスマスのお祝いが終わったら「楽しかったね」「またやりましょうね」と言い合って、それぞれの帰路につくのです。唐揚げはテーブルには乗りませんでしたが、あとで若い人だけで食べに行きました。レモンをたっぷりかけて。

一番短い距離を要領良く進むことも気持ちいい歩み方です。同じように、遠回りすることの豊かさも計り知れません。遠回りの道のりは苛立《いらだ》ちや不安と隣り合わせだから、多くの人にとっては好ましいものではありません。けれども、私たちが大切なものに出会うのは、案外遠回りをしているときでもあるのです。

旧約聖書を代表する人物であるモーセ。彼が初めて神さまと出会った場面は印象的です。ある日、羊の群れを追っていたモーセは、燃えているけれども燃え尽きない、不思議な柴を見つけます。「道をそれて、この不思議な光景を見届けよう」(出エジプト記3章3節)。そして、神さまは「モーセが道をそれて見に来るのを御覧になった」(同3章4節)のです。自らの道をまっすぐ突き進む先にではなく、道をそれたところに神さまとモーセの出会いがありました。

そもそも、この「燃える柴」の出来事以前にも、そしてその後も、モーセの人生は常に回り道でした。モーセはヘブライ人の男の子として生まれました。当時、エジプトで生まれたヘブライ人の男の子は、エジプトの王様の命令により殺される運命にあったのです。彼は奇跡的に王女に拾われて「モーセ」と名付けられ、エジプトの王子として育てられました。何ひとつ不自由ない身であったモーセは、ある事件を起こして追われる身となりました。しかし逃亡先で身をひそめながら日々を過ごし、その中で家庭も持ったのです。

これだけの出来事がなければ、モーセが羊飼いとして山に来ることもなかったのです。最短コースどころか、モーセの人生のほとんどは遠回りでした。エジプトから脱出した大勢の人々を率いての旅は紆余曲折そのもの。40年間も、目的地にたどり着けずにいたのです。目的地とは、神さまが約束してくださった「すばらしい土地、乳と蜜の流れる土地」（同3章8節）です。そして最期は、目的地を眺めながら、その地に入ることはできないまま、その生涯を閉じたのです。しかし、モーセの生き方は教えてくれます。多くの人からは失敗や負けだと思われたとしても、すべての歩みは空回りでも無駄でもないのだと。むしろそれこそが、あなたにしか歩めない、この世界でたった一本の旅路であるのだとも。

免許

運転する車の近くに「教習中」のプレートを貼った車がいると、つい「がんばれ！」と心の中で応援してしまいます。運転免許を取ることは、山あり谷あり、S字カーブとクランクもあり。まるでひとつの人生ドラマです。私は車の免許を取ったとき、東京近郊の教会で、牧師を目指す伝道師として働いていました。

持ち前の不器用さゆえ、免許なんて取れるはずはないと思っていたのです。しかし、先輩の牧師が福岡近郊で仮免許を取った段階で北海道の某所へ転任し、免許証取得までにだいぶ苦労した話を聞きました。「今のうちにとっておきなさい」という複数人からのアドバイスを受け、自転車で20分ほどの自動車学校へ申し込みをしに行ったのです。

そんな私は、やはり免許取得までだいぶ苦労しました。こっそり教会を抜け出して路上教習を受けに行ったら、自分の乗る車のすぐ後ろが上司である主任牧師の運転する車で、冷や汗が止まらなかったことも。「なぜ落ち着きがないのですか」なんて、教官に叱られてしまいました。そんな私を応援してくれていた人がいます。ある教会員さんでした。学科の練習問題のプリントをくれたり、相談に乗ってくれたりしたことも。頼もしい存在でした。

さて、新規取得者であることを示す緑の線がまぶしい免許証をどうにか手に入れてほどないある日。この人は自分の車を運転して教会に来てくれました。車種はトヨタの「ノア」。その大きな車体を駐車場にとめたその人は、降りるなり「高速道路、運転したことあるかい？」と質問。私は首を横に振りました。教習所は高速道路から遠かったので、私は大きな画面のついたシミュレーターで高速道路走行の教習を受けたのです。「だろうね。よし行こう！」そして彼は私に、車に乗るよう促しました。しかも助手席ではなく、運転席に！　自分の車に、免許取りたての私を！

初心者マークを忘れず貼って出発。教会から20分ほどのインターチェンジへ向けて運転した、あのときの緊張感は忘れられません。しかし、本番はそこからでした。

料金所を抜け、十分に加速してさあ合流！　息が止まりそうでした。教会員さんは助手席で「もっと加速していいよ」「ウインカー、もっと長めにね」「そろそろ追越車線にチャレンジしよう」などと、落ち着いた声で指示してくれました。パーキングエリアでおごってくれたコーヒーは、緊張のせいで味がわかりませんでした。

そして、なんとか教会に戻りました。この人は「2人とも怪我《けが》なく、車も無事。上出来だよ」と言い、「じゃあ、またどこか運転しに行こうね」と笑って帰っていきました。それからも、その人はたくさんの場所で運転させてくれました。首都高の右側合流があるところをわざわざ走らせてくれたり、かと思えば広大な多磨霊園でじっくりと練習させてくれたり。

そして今、私は車社会の地域で仕事をしています。車はもはや自転車のような存在です。ポストにもコンビニにも、車を運転しないと行けません。最寄駅まで徒歩1時間。私は運転するたびに「牧師になったら、車の運転は絶対必要になるから」と言っていろいろ教えてくれたあの人を思い出します。免許取りたてほやほやの人に、自分の車を差し出し、助手席に乗ってくれる。今でも信じがたいことです。

自分の力だけで今の私があるのではありません。「たかが自分」と自分自身は思うかもしれないけれど、その「たかが自分」の人生に真剣になってくれる人がいる、自分のことを祈り、応援してくれる人たちがかならずいる……。そのことを、私はあのとき身と心をもって知りました。

自分のことを真剣に考えてくれる人に、ひとりでも出会えること。それは本当にかけがえのない出来事です。私自身はもともと、人間関係についてかなりドライな人間です。人に深入りすること、逆にプライベートなことに触れられることは、牧師になった今でも正直かなり苦手です。でも、神さまはこの方をとおして、そんな私の価値観をほんの少し変えてくださいました。誰かが自分のことを心から考えて向き合ってくれる、一緒にいてくれる……。それは神さまがくださったとっておきのたからものなのだと、私は思います。

鶏頭果

私はイチゴの名産地に暮らしています。季節になると、近所のファーマーズマーケット（地域の複数の農家が直接農産物を販売するスタイルの市場）やスーパーには、ところ狭しとイチゴが並びます。同じ時期につややかで真っ赤なミニトマトも並びはじめるので、まぎらわしい限りですが。地方暮らしは、とにかく生鮮食品が安くておいしくて最高です。寒さがきわだつころに、私は近くの農園に直接注文し、お世話になった人にイチゴを贈ります。え、自分のところにはまだ来ていないって？

さて、その農園にたくさんのイチゴを注文したときのこと。オマケとして1パック分のイチゴをいただきました。その形にびっくり。イチゴといえば、丸みを帯びたしずくのような、あの形。けれども、パックに詰まっていた実ときたら。これは野球のグローブ、こっちは真っ赤な高知県（のカタチ）、これは蝶々に似ている……。

イチゴはこんなに自由奔放で大胆な形だったのだと、初めて知りました。美しい点描をまとった現代彫刻の作品を見ているかのようです。

ユニークな形のイチゴは、にわとりのトサカに似ているから「鶏頭果《けいとうか》」とも呼ぶそうです。味はもちろん絶品。さらに、しずく型のイチゴと比べると2倍か3倍ちかく大きなものもあるから、口いっぱい頬張れて幸せなのです。私はつい調子に乗って、いかにも素人な意見を口にしてしまいました。「こういうおもしろいものは地元の『道の駅』で売ったら人気なのでは？」返ってきた農家さんの表情と答えから察するに、やはり、イチゴといえど現実はそう甘いものではありませんでした。かたちの整ったものから売れていくそうで、なかなか商品にはなりづらいとのこと。

「丸くなるな、星になれ」とは、あるコマーシャルの言葉です。とがって星になる人、皆とは違ったあり方を生きる人。憧れの存在です。同時に、人にたやすくは受け入れてもらえないことであり、排除されることでもあり、時々おいしい汁だけは吸われることでもあります。

イエス・キリストは、ミュージカルや映画の大作に取り上げられるほどに、有名な存在です。聖書の中では、大群衆がイエスを追い、その話に耳を傾けます。イエスに癒やされ、すばらしい経験すらします。しかし、イエスはいつでもどこでも愛され、受け入れられたわけではありません。けっこう軽んじられて雑な扱いを受けてもいます。特に、故郷の村であるナザレに帰ったとき。

イエスは故郷の人たちに語りました。神さまがどういうお方であるか、よりよい生き方とは何か。その言葉は、うわべだけではありませんでした。皆の心に届いたのでした。人々は深く感心しました。

しかし、誰かが言い放ちました。「あいつはヨセフの息子じゃないか」と。その一言でたちまち、人々のイエスへのまなざしは、畏敬から軽蔑へ。「なんだ、あのイエスじゃないか。大したことはないな」と。全員が家族同然の、小さくて濃い村社会です。誰もがイエスのことを幼いころから知っていました。村社会の単なる一員と見なされていたのです。それゆえイエスがどれだけ良い話をしたとしても、結局は「なんだ、あいつはヨセフの息子じゃないか」「アイツは家も村も捨てて、出て行ったやつじゃないか」と言われてしまうのです。「たかがアイツ」にしか見えなくなったら、そこからは新しいものなんて見えてきません。

「ナザレの人々は皆イエスを温かく受け入れ、その教えに心打たれて信仰を持った」なんて、聖書のどこにも書いてありません。近しい人間であるからこそ、型破りな存在は許せないのです。身内だからこそ、一族からはみ出すような生き方は受け入れられません。

あなたが今、生きている場はいかがですか。家庭、職場、人間関係が生じるあらゆる場。もしかしたら、イエスの故郷に似たところかもしれません。狭くて密接な人間関係、暗黙のルール、自分に与えられた役割や居場所。その枠の中に収まっていれば安全だけど、飛び出そうとすればはみ出し者扱い。とんがって生きたかったけれど自分を丸い枠の中に押し込めざるをえなかった、そんな苦しみを、あなたは経験したかもしれません。でも、あなたは、人と違っていていいのです。どんなことがあっても、あなたのまなざしを、あなたの言葉を、決してなくしてはいけません。それは神さまがあなたにくださった、とっておきのたからものだからです。

忘れ物

「たくさんの忘れ物が、豊かな森をつくるのです」

昔、ある人が教えてくれました。まだヨーロッパからの移住者が来る前からカナダに暮らしていた人々の知恵です。その人たちは、これから訪れる冬が厳しくなるかどうかを、リスの行動から予想していたそうです。寒くなる前に、リスは保存食として木の実を土の中や木のウロなどに貯めこみます。その木の実の量が多いと、厳しい冬がやってくるのだそうです。

小さな体で森の中を縦横無尽に駆け回り、生命をつなぐ食べ物をかき集めるリスたち。しかし、その木の実を全部食べるわけではないのです。なんと、せっかく集めた食べ物のほとんどは忘れてしまうのだそうです。やがて厳しい冬が終わり、美しい春がやってきます。木のウロに隠された実は、鳥たちが見つけてついばんだり、運ばれたりしていきます。土に埋められた実からは芽が出てきます。そうして木が育ちます。その木が数えきれないほど多くのいのちを養います。そして再びリスがその木の実を集め、どこかに隠しては忘れ、春になれば再びその芽が……。

世間では、「忘れる」というのはどちらかといえば望ましくないことです。あなたにとって「忘れる」ことはどのようなイメージですか？　私は子どものころ、忘れ物がとても多いのが困りごとでした。どんなに注意していても、忘れ物をしてしまうのです。「忘れ物をしないようにしましょう」と、小学校の先生からよく叱られました。でも、「しないようにできる」のなら、最初からそうしています。好きで忘れているわけではないのです。今なら、自分の持って生まれた特質であったと推測もできます。大人になって、いろんな工夫をして、ようやくなんとか困らないようになりもしました。それでも「忘れる」ことは、人の目に好ましくないと映りがちなもの。それらを自分の中に持っていることは、本当に苦しいことです。それゆえに嫌われたり軽んじられたりする経験があればいっそう。

でも、忘れるということが森の成長に大切な役割を果たしている、それを知って、私はなんだか心が軽くなりました。そうです、忘れることは良いことだってたくさんもたらしてくれるのです。私も思い出しました。子どものときに忘れ物が多いのは困ったことだったけど、嫌なこともすぐに忘れてしまえる特技も、自分にはあったのでした。

「老いることとは、神さまからお預かりしたものを、ひとつひとつお返ししていくこと」。そうおっしゃったのは、認知症のお連れ合いと長い時を歩んできた方でした。パートナーはとっくに自分の名前を忘れ、関係性も忘れていました。しかし彼の言葉は、大切なことに気づかせてくれました。忘却とは、むしろ返却でもあるのだと。私たちが忘れても、神さまは決して忘れません。たとえ私たちが自分自身のことすら忘れてしまったとしても。たとえ私たちが大切なことや世界の痛みを忘れてしまったとしても。教会の礼拝でお祈りするとき、私はいつもこんなことを言葉にします。「神さま、私たちが忘れている隣人《となりびと》、忘れている祈りがあるなら、それを再び思い起こさせてください」。祈る相手である神さまに「あなたに言い忘れていることがあったら思い出させてください」とは無遠慮な物言いかもしれません。でも、神さまにお祈りすることは、私たちが忘れていた大切なことを再び思い出すことでもあると、私は考えています。忘れやすい身であるからこそ、神さまに助けてもらって思い出すのです。

ところで、教会には多くの方が集まりますから、忘れ物も少なからずあります。牧師である友人は、持ち主のわからない「ぼけ封じ」のお守りが教会のベンチに置かれていたよと苦笑い。ぼけは封じられたのでしょうか。別の友人は、礼拝堂で赤い分度器を拾ったそうです。算数の宿題に励む小学生などいないのになぜだろうねと不思議がっていました。私も同じような経験があります。ある教会でのこと。日曜日に礼拝が終わったあと、毎週のように杖を忘れていく人がいたのです。持ち主はわかっています。その人、朝に礼拝堂の前であいさつすると「ヒザが痛い」「歩くのが難儀だ」と苦しそうな顔をしているのです。なのに礼拝のあとはみんなと楽しくおしゃべりし、そして杖をつかずに帰っていったのです。忘れられた杖は、その人が痛みを少しでも忘れられたしるし。来週もまたその人が来てくれることを願い、私は杖を見えやすい場所に立てかけるのでした。

家族

「歴史」は英語で「history《ヒストリー》」。history という言葉を分解すれば、his《ヒズ》 story《ストーリー》（彼の物語）。ひと言で「歴史」といっても、それは his story であり、her《ハー》 story（彼女の物語）であり、your《ユア》 story（あなたの物語）であり、our《アワー》 story（私たちの物語）、my《マイ》 story（私の物語）である。歴史の姿はひとつではない……。大学生のとき、キリスト教の歴史を研究するゼミで、恩師が私に教えてくれたことです。

私は、ずいぶん前に結婚式を挙げました。そのとき、私は大変晴れやかな気持ちでした。結婚という言葉の持つ華やかさゆえではありません。「もう周りはうるさいことを何も言わなくなるだろう」という喜びから来た気持ちです。なにしろ、職場や親戚、あらゆる環境のいろんな人からさんざん言われてきたのです。「まだ結婚しないの？」「早くいい人見つかるといいわね」。自分の孫を紹介しようとしてくれる高齢のおばあちゃん、ただの食事会だと言われて行ったのにお見合いを仕組まれていたときの絶望。わずらわしいことこの上なし。しかし、時がめぐって紆余曲折もあり、ついに結婚をすることになりました。「よし、もうこれからは誰からも何も言われない」という解放感が心を満たしました。ところが、結婚したらしたで、まだその続きがあったのです。牧師の集まりに行ったら、こんなふうに言われるのです。「奥さんはこっちにいらっしゃい。みんなにお茶を入れてあげないと」「なんで奥さんなのに主任牧師なの？（やはり牧師の）旦那さんに花を持たせてあげないと」。そういう人ほど「キリスト教は正義と平等を大切にしている」って言うのだから、やってられません。どなたでもお茶は自分でいれて、花は自分でお持ちくださいませ。

一番嫌だったのは「お子さんは？」「早く赤ちゃんの顔が見たいわ」です。しばらく言われ続けました。友人にそのことを愚痴としてこぼしたら、彼女は「そうよ、1人目ができても次は『2人目は？』って聞かれるのよ」と、こともなげに。

それを聞いて、むしろふっきれた気持ちになりました。ああ、人というのは誰かの人生に、期待という名の勝手なレールを敷くものなのだと。「早く結婚しなさい」と急かす人が、自分を養ってくれるのか？「子どもはまだ？」と好奇心で尋ねてくる人が、その子どもの世話をしてくれるのか？　言われたほうだって、うまくいかないときは「あの人が私に結婚を急かしたせいだ」とその人のせいにできるのか？誰に期待されようと、誰に理想の人生を示されようとも、自分の人生を生きていくのは結局自分に他ならないのです。

私は日頃、幼稚園の園長として、さまざまな家族に出会います。家族の数だけ違うstory（物語）があります。理想も正解もありません。この厳しい現実の世界をみんながいのちがけで生きている、そのことがどれほど得がたいことか。「生きていてくれてありがとう」、子どもと保護者の皆さんに接するたび、私は本当に心からそう思っています。

「家族」をキーワードにして聖書を読んでいると、私はあることに気づきました。この分厚い書物の中に、実にたくさんの家族が登場してくるけれど、どの家族もみんな違うのだと。そして、理想の家族像なんて、ありそうでいて実はないんだということに。最初の人間にして最初の夫婦アダムとエバは、すでにエデンの園でお互いに責任転嫁をしているのです。その他にも、きょうだい同士でいがみあう話、何度も妻に逃げられては連れ戻しに行く預言者の話、一生独身を貫いた者、一夫多妻制の中で苦労した女性、略奪愛……。ありとあらゆる家族の姿が浮き彫りになっています。

新約聖書の一番はじめ、マタイによる福音書の冒頭部には、イエスの家系図が出てきます。きれいごとなんて言ってられない人生、生々しすぎる家族像が、すべてイエス・キリストにつながっている、ということです。救い主は、私たちの「生きる」ことすべてが神さまの目に貴いものであることを、そのいのちをかけて教えてくださいました。イエス・キリストは「history」、ご自分の物語をとおしてこの世界に生きる人々のリアルな story すべてに関わり、すべてを愛するために、この世に来られたのでした。

おわりに

ここまでお付き合いいただき、ありがとうございます。少しでも「くすっ」と笑っていただけたなら、あるいは眠れない夜のささやかな友となれたなら、大変うれしいことです。

本書のさまざまなエピソードからお察しいただけるように、私自身、ソツなく生きていけるタイプではありません。だから、あなたがこれを読んでくださっているときも、きっと私はどこかで悩んだり迷走したりしています。「神さま、助けてください」とただ祈りながら。本当に、生きていくのはただそれだけで大仕事です。

この本は、新型コロナウイルスの騒ぎが鎮まりつつある2024年に作りました。私が今の教会と幼稚園に赴任してから2年たたずして、コロナの流行が始まりました。何が正解かわからない中で、より的確な判断をしていくことが絶えず求められました。何年かたち、ようやく街中でも自然にマスクを外せる時期がきたとき、私は心にまったく力が入らなくなってしまいました。おかしいなと思っているうちに、「消えたい」「死にたい」「牧師をやめたい」が頭から離れなくなってしまいました。そこからお医者さんを頼りました。教会の人たちと幼稚園の職員にも支えられました。週7日勤務状態だったのを、週に半日か1日は休むよう努め、少し心が楽になりました。……これは私自身の経験ではあります。しかし、これをお読みのあなたも、何かしらのご労苦を経てこられたことでしょう。私では説得力が足りないでしょうが、言わせてください。「本当によく、今日まで生きてきてくださいました」。

さて、この本には、聖書がたくさん登場します。キリスト教になじみのない方にも、「こんな物語が書かれているのか」とご興味を持っていただければありがたいです。キリスト教の牧師という仕事柄、私は聖書に接してきた機会は人よりも多いわけですが、まだまだわからないことだらけです。謙遜ではなく、本当にそうなのです。「わからない」ということは、開くたびにいつも新しいことに出会う、そういうことでもあります。それは悪いことではないなと思います。この本のタイトルのように、聖書を開くことは私にとって、たからさがしのひとときなのです。

　聖書の話ばかりして、すみません。でも、これだけはあなたに伝えたいのです。聖書にはたくさんの登場人物がいます。興味深いことに、どの人たちも何かの途中を生きています。何かを成し遂げた人々というよりも、自分のいのちを、文字どおりいのちがけで生きている人たちです。その人たちの姿は、どこか私たちに似ています。人がうらやむものを手に入れるとか、有名になるとか、最短距離で何かを達成するとか、そういうものとは程遠いところに生きる人たち。逃げて、文句を言って、弱音を吐いて。しかし神さまはそこに、人のいのちのいとしさ、美しさを見ておられるのです。

　愛するということは、いったい、何をどれだけすれば完全に「愛している」と言えるでしょうか。生きるということは、何をどれだけすれば完全に「生きた」と言えるのでしょうか。一緒にいる相手のことを受け入れようとしてもなかなかできない苦しさを、あなたもきっとご存じでしょう。その苦しむ姿は「人を愛せない自分、受け入れられない自分」というレッテルを貼られてしまうものなのでしょうか。そうではありません。その姿こそ、あなたが自らのいのちを真摯に生きている姿に他なりません。私たちはいつも途中を生きています。人から見れば、終わりの見えないこと、答えの出ないこと、自分がダメな人間に思えること、たくさんあります。しかし、人の目から見れば不完全なものの中にこそ、神さまは明日を用意してくださっているのです。

最後に、この本は多くの人に支えてもらって産声を上げました。私が学生だったときから、執筆の場を与えて育ててくださった日本キリスト教団出版局の飯光さん。『湖畔の声』誌の藪秀実さんと芹野与幸さん、『福音と世界』誌の小林望さんにはそれぞれ連載時にお世話になりました。私の拙い絵を用いて、こんなに美しい本にしてくださった、装幀の堀木佑子さん。編集にあたってくださった市川真紀さん。そして、この本を手にとってくださったあなた。本当にありがとうございます。

2024年7月

望月　麻生

初出一覧

第１章
赤い鍋／書き下ろし
タケノコ／書き下ろし
茨の冠／みことばにきく『信徒の友』2024 年 3 月号（日本キリスト教団出版局）
丁寧／みことば散歩『福音と世界』2018 年 9 月号（新教出版社）
イースターエッグ／みことばにきく『信徒の友』2023 年 4 月号（日本キリスト教団出版局）
花束／書き下ろし

第２章
歌／みことば散歩『福音と世界』2017 年 12 月号（新教出版社）
羊／聖書味読『福音と世界』2015 年 12 月号（新教出版社）
塩／食卓を囲もう『湖畔の声』2020 年 3 月号（近江兄弟社）
おもてなし／聖書味読『福音と世界』2015 年 4 月号（新教出版社）
一服／書き下ろし
蛇／書き下ろし

第３章
ピアノ／みことばにきく『信徒の友』2023 年 5 月号（日本キリスト教団出版局）
電車／書き下ろし
どんぐり／みことばにきく『信徒の友』2024 年 1 月号（日本キリスト教団出版局）
閉店／みことばにきく『信徒の友』2023 年 9 月号（日本キリスト教団出版局）
やきとり／みことばにきく『信徒の友』2023 年 10 月号（日本キリスト教団出版局）
明日／みことば散歩『福音と世界』2018 年 11 月号（新教出版社）

第４章
みかん／食卓を囲もう『湖畔の声』2019 年 1 月号（近江兄弟社）
のりまき／書き下ろし
免許／あなたへの手紙『こころの友』2023 年 1 月号（日本キリスト教団出版局）
鶏頭果／みことばにきく『信徒の友』2024 年 2 月号（日本キリスト教団出版局）
忘れ物／書き下ろし
家族／みことばにきく『信徒の友』2023 年 12 月号（日本キリスト教団出版局）

望月麻生（もちづき・あさを）

1983年、静岡市生まれ。同志社大学神学部・神学研究科で学ぶ。日本基督教団国分寺教会伝道師、四街道教会牧師を経て、現在、足利教会牧師・足利みどり幼稚園園長。絵を描いたりピアノを弾いたりするのが好き。消しゴムはんこ作家「夜ふかし堂」として製作活動やワークショップもおこなう。監修・共著に『保育者の祈り　こどものために、こどもとともに』（日本キリスト教団出版局）。

著者：望月麻生

たからさがし

――神さまからの不思議なおくりもの

2024年7月23日　**初版発行**

発行　日本キリスト教団出版局

〒169-0051
東京都新宿区西早稲田2丁目3の18
電話・営業 03（3204）0422
　　　編集 03（3204）0424
https://bp-uccj.jp

印刷・製本　三秀舎

ISBN978-4-8184-1163-0　C0095　日キ版

Printed in Japan